Produção de Texto
Ensino Fundamental

3

Rosemeire Aparecida Alves
Professora graduada em Letras pela Universidade Estadual de Londrina (UEL-PR).
Pós-graduada em Língua Portuguesa pela Universidade Estadual de Londrina (UEL-PR).
Atuou como professora das redes pública e particular de ensino.

COLABORADORES

Daisy Silva Rosa Asmuz:
Assessora pedagógica e editora de livros didáticos de Educação Infantil e Ensino Fundamental I.

Maria Regina de Campos:
Assessora pedagógica e editora de livros didáticos de Educação Infantil e Ensino Fundamental I.

Tiago Henrique Buranello:
Professor de Produção de texto de Ensino Fundamental e Médio.

Copyright © Rosemeire Aparecida Alves, 2017

Diretor editorial	Lauri Cericato
Gerente editorial	Silvana Rossi Julio
Editora	Natalia Taccetti
Gerente de produção editorial	Mariana Milani
Coordenador de produção editorial	Marcelo Henrique Ferreira Fontes
Gerente de arte	Ricardo Borges
Coordenadora de arte	Daniela Máximo
Supervisora de iconografia e licenciamento de textos	Elaine Bueno
Diretor de operações e produção gráfica	Reginaldo Soares Damasceno
Projeto e produção editorial	Scriba Soluções Editoriais
Editora executiva	Roberta Caparelli
Edição	Alessandra Avanso, Mariana Diamante e Denise Andrade
Assistência editorial	Giovanna Hailer, Verônica Rosa e Ieda Rodrigues
Redação	Luciane Vilain
Leitura crítica e assessoria pedagógica	Daisy Asmuz, Maria Regina de Campos e Tiago Buranello
Revisão	Ana Lúcia Pereira
Coordenação de produção	Daiana Melo
Projeto gráfico	Marcela Pialarissi
Capa	Sergio Cândido
Imagem de capa	Gouraud Studio/Shutterstock.com.br
Edição de ilustrações	Ana Elisa Carneiro
Diagramação	Luiz Roberto Correa (Beto)
Tratamento de imagens	José Vitor Elorza Costa e Luigi Cavalcante
Autorização de recursos	Erick Almeida
Pesquisa iconográfica	André S. Rodrigues
Editoração eletrônica	Renan Fonseca

Dados Internacionais de Catalogação na Publicação (CIP)
(Câmara Brasileira do Livro, SP, Brasil)

Alves, Rosemeire Aparecida
 Produção de texto : ensino fundamental 3º ano / Rosemeire Aparecida Alves. -- 1. ed. -- São Paulo : FTD, 2017.

 ISBN: 978-85-96-01157-0 (aluno)
 ISBN: 978-85-96-01158-7 (professor)

 1. Português (Ensino fundamental) I. Título.

17-06614 CDD-372.6

Índices para catálogo sistemático:
1. Português : Ensino fundamental 372.6

1 2 3 4 5 6 7 8 9

Envidamos nossos melhores esforços para localizar e indicar adequadamente os créditos dos textos e imagens presentes nesta obra didática. No entanto, colocamo-nos à disposição para avaliação de eventuais irregularidades ou omissões de crédito e consequente correção nas próximas edições. As imagens e os textos constantes nesta obra que, eventualmente, reproduzam algum tipo de material de publicidade ou propaganda, ou a ele façam alusão, são aplicados para fins didáticos e não representam recomendação ou incentivo ao consumo.

Reprodução proibida: Art. 184 do Código Penal e Lei 9.610 de 19 de fevereiro de 1998.
Todos os direitos reservados à **EDITORA FTD**.

Rua Rui Barbosa, 156 – Bela Vista – São Paulo – SP
CEP 01326-010 – Tel. 0800 772 2300
Caixa Postal 65149 – CEP da Caixa Postal 01390-970
www.ftd.com.br
central.relacionamento@ftd.com.br

Produção gráfica

Avenida Antônio Bardella, 300 – 07220-020 GUARULHOS (SP)
Fone: (11) 3545-8600 e Fax: (11) 2412-5375

A - 951.451/25

SEJA BEM-VINDO!

Nesta coleção, você vai entrar em um mundo formado por letras, que criam palavras, que moldam frases, que dão vida a textos.

Nós tivemos o cuidado de escolher textos próximos a você para ajudá-lo a entrar no universo deles de forma consciente.

Nesse sentido, a coleção permitirá a leitura de variados gêneros textuais, a compreensão de suas principais características e, principalmente, a prática da escrita de acordo com as diversas situações comunicativas.

Que tal começar conhecendo a estrutura do seu livro?

ABERTURA DA UNIDADE

A abertura, em páginas duplas, marca o início das unidades.

Nela, apresentamos os gêneros textuais que você vai ler e produzir em cada capítulo.

Para saber se você já conhece um pouco sobre o que vai estudar, propomos algumas perguntas para você responder oralmente.

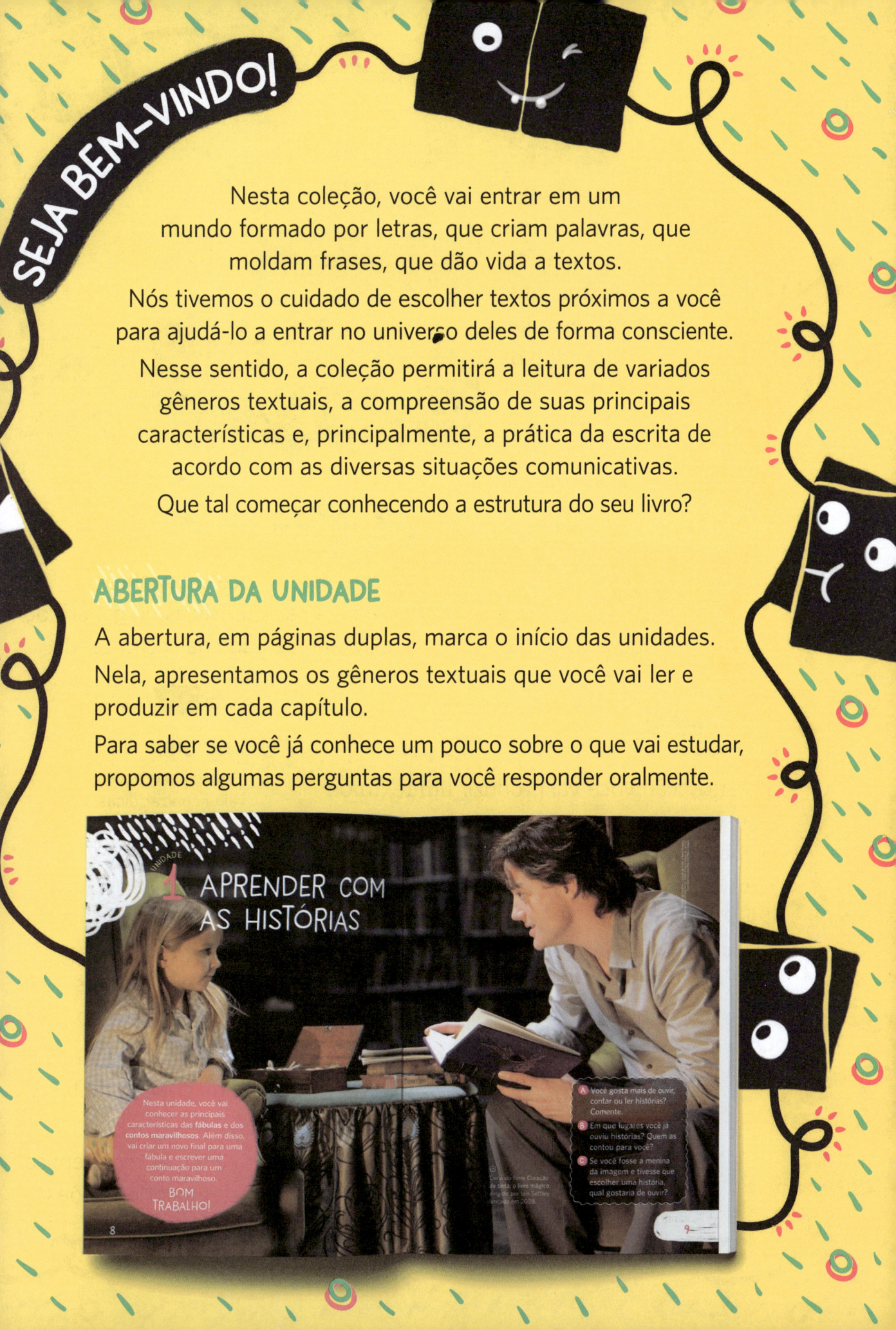

LENDO

Esta seção apresenta um exemplar do gênero textual que você vai estudar no capítulo.

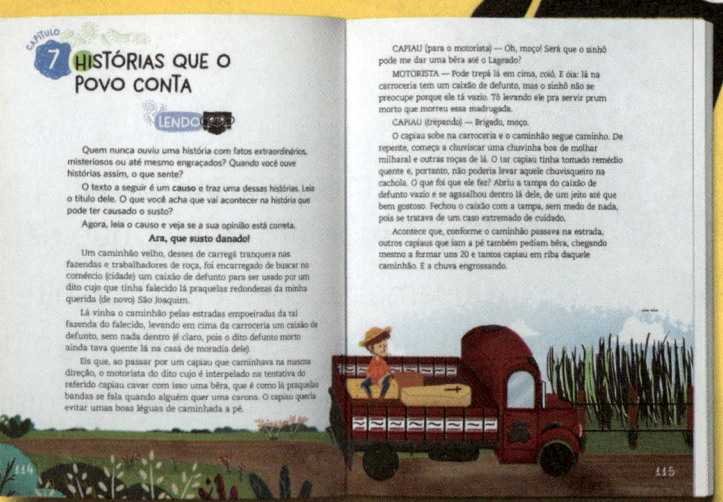

COMPREENDENDO O TEXTO

Nesta seção, há questões que vão mostrar se realmente você entendeu o texto lido.

ESTUDANDO O GÊNERO

Nesta seção, você vai conhecer algumas características do gênero do texto apresentado na seção **Lendo**.

PRODUÇÃO

Nesta seção você vai produzir um texto do mesmo gênero textual estudado na seção **Lendo**. Para ajudá-lo, ela está dividida em três etapas.

DICA

Neste boxe, você vai encontrar dicas sobre algum assunto que estiver estudando.

PLANEJANDO

Etapa de orientações para planejar o texto.

PRODUZINDO

Etapa da criação do texto.

AVALIANDO

Etapa em que você verifica se todas as orientações foram seguidas.

MÃOS À OBRA!

A seção **Mãos à obra!** aparece ao final de cada unidade.

Trata-se de projetos em que toda a turma vai socializar as suas produções de muitas formas, como em uma exposição, em um sarau ou em formato de um livro.

Este boxe traz alguns conceitos importantes estudados durante o capítulo.

CURIOSIDADE

Este é o boxe das curiosidades e das informações complementares. Ele estará presente sempre que algum assunto ou texto permitir a apresentação de algo novo, curioso.

PARA CONHECER MAIS

Este boxe apresenta algumas dicas de livros, *sites* e filmes relacionados aos gêneros ou aos temas trabalhados nas unidades.

ATITUDE CIDADÃ

Este boxe traz informações que vão ajudá-lo a refletir e a discutir sobre alguns assuntos, contribuindo para a sua formação de cidadão.

SUMÁRIO

UNIDADE 1

APRENDER COM AS HISTÓRIAS 8

CAPÍTULO 1
Qual é a moral da história? .. 10
LENDO A cigarra e a formiga • Ruth Rocha 10
COMPREENDENDO o texto 12
ESTUDANDO a fábula 12
PRODUÇÃO Criando um novo final para uma fábula 20

CAPÍTULO 2
Contos que encantam 27
LENDO O sapateiro e os duendes • Irmãos Grimm 27
COMPREENDENDO o texto 30
ESTUDANDO o conto maravilhoso 31
PRODUÇÃO Criando uma continuação para um conto maravilhoso 38

MÃOS À OBRA!
Livro da Turma 45

UNIDADE 2

TROCANDO MENSAGENS 48

CAPÍTULO 3
Uma carta para você 50
LENDO Carta pessoal 50
COMPREENDENDO o texto 51
ESTUDANDO a carta pessoal 52
PRODUÇÃO Escrevendo uma carta pessoal 60

CAPÍTULO 4
Chegou mensagem! 67
LENDO Troca de mensagens instantâneas 67
COMPREENDENDO o texto 68
ESTUDANDO a mensagem instantânea 69
PRODUÇÃO Trocando mensagens instantâneas 75

MÃOS À OBRA!
Cartas solidárias 79

UNIDADE 3

PARA TODAS AS IDADES 82

CAPÍTULO 5
Jogos da minha infância 84
LENDO Relato de memória • Ecléa Bosi 84
COMPREENDENDO o texto 85
ESTUDANDO o relato de memória 86
PRODUÇÃO Apresentando um relato de memória 90

CAPÍTULO 6
Um passo de cada vez 95
LENDO Gato e rato • Josep Maria Allué 95
COMPREENDENDO o texto 97
ESTUDANDO o texto instrucional 98
PRODUÇÃO Registrando as regras de um jogo 103

MÃOS À OBRA!
Jogos de ontem e de sempre 109

UNIDADE 4

COMO É BOM OUVIR HISTÓRIAS... 112

CAPÍTULO 7
Histórias que o povo conta 114
LENDO Ara, que susto danado! • Rolando Boldrin 114
COMPREENDENDO o texto ... 117
ESTUDANDO o causo 117
PRODUÇÃO Recontando um causo 121

CAPÍTULO 8
Uma história para explicar algo 127
LENDO A vitória-régia 127
COMPREENDENDO o texto .. 129
ESTUDANDO a lenda 130
PRODUÇÃO Recontando a lenda 135

MÃOS À OBRA!
Festival Histórias que o povo conta 141

Cena do filme **Coração de tinta: o livro mágico**, dirigido por Iain Softley, lançado em 2008.

A Você gosta mais de ouvir, contar ou ler histórias? Comente.

B Em que lugares você já ouviu histórias? Quem as contou para você?

C Se você fosse a menina da imagem e tivesse que escolher uma história, qual gostaria de ouvir?

CAPÍTULO 1 QUAL É A MORAL DA HISTÓRIA?

As histórias podem nos divertir, emocionar e até ensinar muitas coisas. Cite uma história que você tenha lido ou ouvido e de que tenha gostado. O que essa história lhe proporcionou: diversão, emoção ou lhe trouxe um ensinamento?

A história a seguir é uma fábula. Ela envolve uma cigarra e uma formiga e traz um ensinamento. O que você sabe sobre essa fábula?

Leia o texto e descubra qual é esse ensinamento.

A cigarra e a formiga

A cigarra passou todo o verão cantando, enquanto a formiga juntava seus grãos.

Quando chegou o inverno, a cigarra veio à casa da formiga para pedir que lhe desse o que comer.

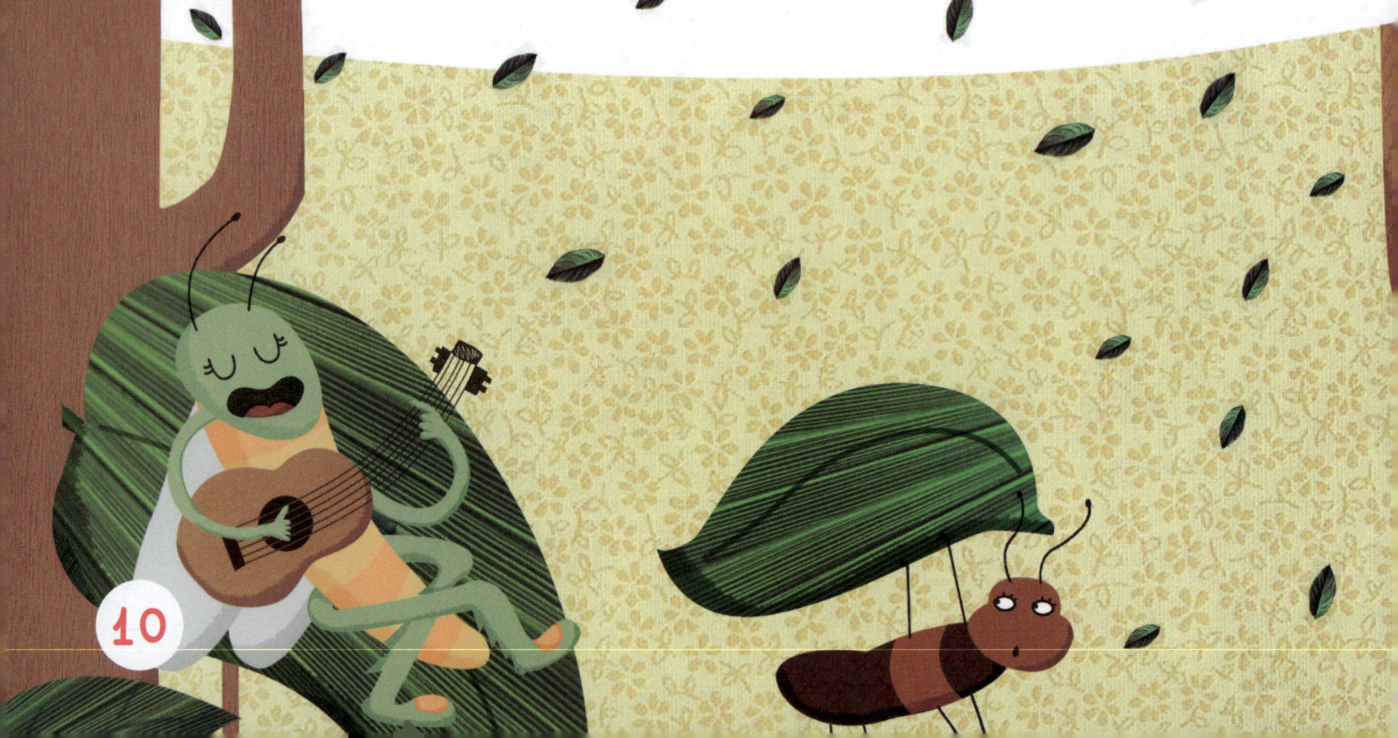

A formiga então perguntou a ela:

— E o que é que você fez durante todo o verão?

— Durante o verão eu cantei — disse a cigarra.

E a formiga respondeu:

— Muito bem, pois agora dance!

Ruth Rocha. A cigarra e a formiga. Em: Ruth Rocha. **Fábulas de Esopo**. Edição reformulada. Ilustrações de Jean Claude R. Alphen. São Paulo: Moderna, 2010. p. 32.

RUTH ROCHA

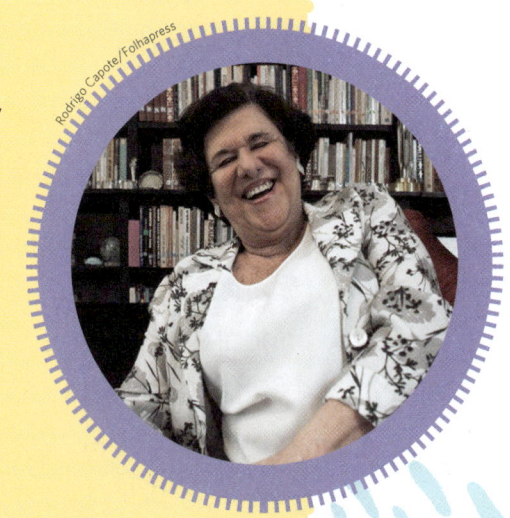

Nascida na cidade de São Paulo, em 1931, desde pequena, sempre gostou muito de ler e ouvir as histórias contadas por seus pais e seu avô Ioiô. Há mais de 40 anos, Ruth Rocha é autora de diversos livros para crianças e adolescentes, como **Marcelo, marmelo, martelo; Boi, boiada, boiadeiro** e **Macacote e Porco Pança**.

Rodrigo Capote/Folhapress

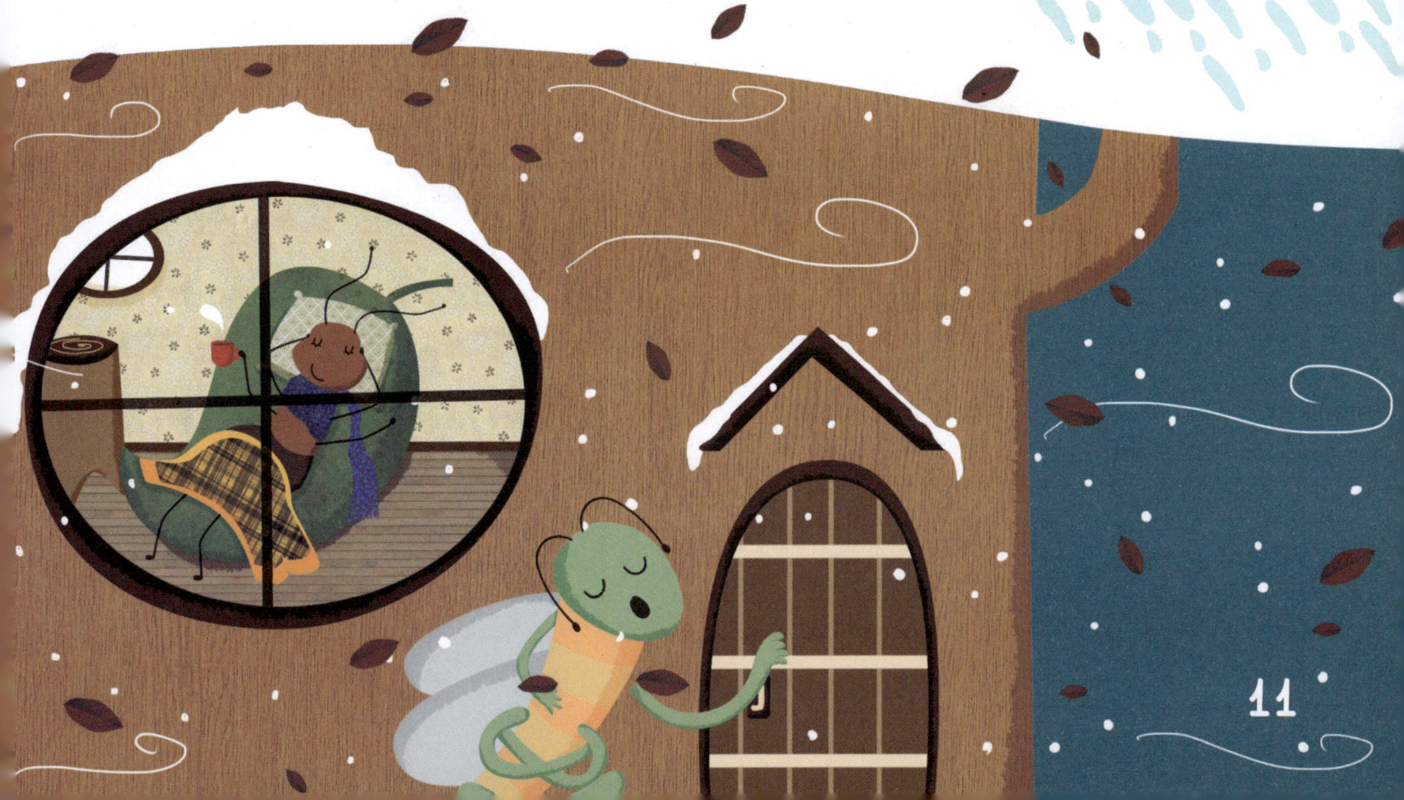

COMPREENDENDO O TEXTO

1. Você já conhecia essa fábula? Comente com os colegas.

2. De acordo com o primeiro parágrafo da fábula, o que a cigarra fazia no verão? E o que a formiga fazia?

3. Releia esta fala da formiga: "— Muito bem, pois agora dance!".
   A. Com base nessa fala, o que se pode dizer que ela fez em relação ao pedido da cigarra?
   B. Sobre a atitude da formiga, você acha que ela poderia ter agido de outro modo? Como?

O CANTO DAS CIGARRAS

A cigarra é um inseto que se tornou conhecido pelo seu canto. Em algumas épocas do ano, ele é tão alto que chega a incomodar. Mas por que será que esses insetos cantam tanto? O canto é uma forma de se comunicarem entre si; uma proteção contra predadores, já que ele atrapalha a comunicação das aves; e, principalmente, para atrair uma parceira. Os responsáveis por toda a cantoria são os machos, que tentam atrair as fêmeas na época de reprodução.

ESTUDANDO A FÁBULA

1. Na fábula, o narrador conta fatos que envolvem personagens. Esses fatos ocorrem em determinado espaço e tempo, que muitas vezes são indeterminados.
   A. Complete os quadros com essas informações da fábula lida.

PERSONAGENS	ESPAÇO	TEMPO

B. Nas narrativas, o narrador pode ser:

NARRADOR-OBSERVADOR AQUELE QUE APENAS NARRA OS FATOS;

NARRADOR-PERSONAGEM AQUELE QUE NARRA A HISTÓRIA E TAMBÉM PARTICIPA DELA.

Sublinhe a alternativa correta sobre o narrador da fábula lida.

- O narrador são os próprios personagens, que contam uma história que se passou com eles.
- O narrador não participa da história, apenas conta os fatos que observou.

2. Algumas fábulas apresentam diálogos entre os personagens, que, geralmente, são iniciados por um travessão. Na fábula lida, aparecem alguns diálogos.

Escolha duas cores e sublinhe na fábula:

A UMA FALA DA FORMIGA.   B UMA FALA DA CIGARRA.

Em alguns casos, os diálogos são introduzidos por **dois-pontos**, e podem ser acompanhados de palavras que indicam **ações**, como: **perguntou**, **disse**, **respondeu**. Veja o exemplo:
E a formiga respondeu:
— Muito bem, pois agora dance!

3. Em geral, os personagens das fábulas são animais que:

○ não pensam, não falam, não tomam atitudes.

○ pensam, falam, sentem, têm atitudes humanas.

4. O que a formiga juntava enquanto a cigarra cantava? Contorne abaixo a imagem correta.

5. Em geral, os títulos das fábulas dão uma pista de quem são os seus personagens. Leia alguns títulos.

O LOBO E O CORDEIRO

O SAPO E O BOI

A ASSEMBLEIA DOS RATOS

Decifre os códigos abaixo e descubra o que há em comum entre os personagens dessas fábulas.

To a dos ni gun são can ba mais .

---

6. Observe as imagens a seguir. Elas ilustram duas fábulas.

I

II

Agora, leia os títulos abaixo e pinte os que se referem às histórias representadas pelas imagens.

A ASSEMBLEIA DOS RATOS	A TARTARUGA E A LEBRE
O PASTOR E O LEÃO	O LEÃO E O RATINHO

7. As fábulas possuem um ensinamento, isto é, a moral da história. Quais são os ensinamentos apresentados na fábula "A cigarra e a formiga"?

○ As pessoas não devem plantar, pois não vão colher nada.

○ Precisamos nos preparar para o futuro, para os dias de dificuldades.

○ O preguiçoso não consegue obter nada e acaba tendo prejuízos, se dando mal.

8. Às vezes, a moral pode aparecer sob a forma de um provérbio, ou seja, de uma frase curta que expressa um ensinamento.

Dos provérbios a seguir, qual apresenta um ensinamento semelhante ao da moral da fábula "A cigarra e a formiga"?

○ Quando um não quer, dois não brigam.

○ Vale mais prevenir que remediar.

9. Leia as duas morais e relacione-as à sua respectiva fábula.

A TRATE OS OUTROS DA MESMA FORMA QUE VOCÊ DESEJA SER TRATADO.

B O QUE PARA UNS TEM VALOR, PARA OUTROS NADA VALE.

○ **O galo e a pérola**

Um galo estava ciscando, procurando o que comer no terreiro, quando encontrou uma pérola. Ele então pensou:

— Se fosse um joalheiro que te encontrasse, ia ficar feliz. Mas para mim uma pérola de nada serve; seria muito melhor encontrar algo de comer.

Deixou a pérola onde estava e se foi, para procurar alguma coisa que lhe servisse de alimento.

Ana Rosa Abreu e outros. **Alfabetização**: livro do aluno. Brasília Fundescola/SEF-MEC, 2000. Volume 2. p. 106.

A cegonha e a raposa

Um dia, a raposa, que era amiga da cegonha, convidou-a para jantar. Mas preparou para a amiga uma porção de comidas moles, líquidas, que serviu sobre uma pedra lisa.

Ora, a cegonha, com seu longo bico, por mais que se esforçasse só conseguia bicar a comida, machucando o bico sem comer nada.

A raposa insistia para que a cegonha comesse, mas ela não conseguia, e acabou indo para casa com fome.

Em outra ocasião, a cegonha convidou a raposa para jantar com ela.

Preparou comidas cheirosas e colocou em vasos compridos e altos, onde seu bico entrava com facilidade, mas o focinho da raposa não alcançava.

Então, foi a raposa que voltou para casa desapontada e faminta.

A cegonha e a raposa. Em: Ana Rosa Abreu e outros. **Alfabetização**: livro do aluno. Brasília: Fundescola/SEF-MEC, 2000. Volume 2. p. 106-107.

10. Agora, leia o trecho de outra fábula.

> ### A cadela e o seu reflexo
>
> Sobre um velho tronco de árvore, uma cadela atravessava, feliz, um riacho. Levava na boca um saboroso pedaço de carne.
>
> De repente, ela parou.
>
> Ao olhar para a água, viu... outra cadela! E o pior: com um pedaço de carne ainda mais suculento que o seu!
>
> Como que atingida por um raio, ela...
>
> [...]
>
> Liev Tolstói. **Fábulas**. Tradução e adaptação de Tatiana e Ana Sofia Mariz. São Paulo: Companhia das Letrinhas, 2009. p. 7.

O que será que aconteceu com a cadela e a carne?

Termine a história explicando o que aconteceu após a cadela ter visto outra cadela com um pedaço de carne mais suculento que o dela.

Lembre-se de que esse final deve combinar tanto com os fatos apresentados como com a moral da fábula.

_____
_____
_____
_____
_____
_____
_____
_____

MORAL DA HISTÓRIA: QUEM TUDO QUER, TUDO PERDE.

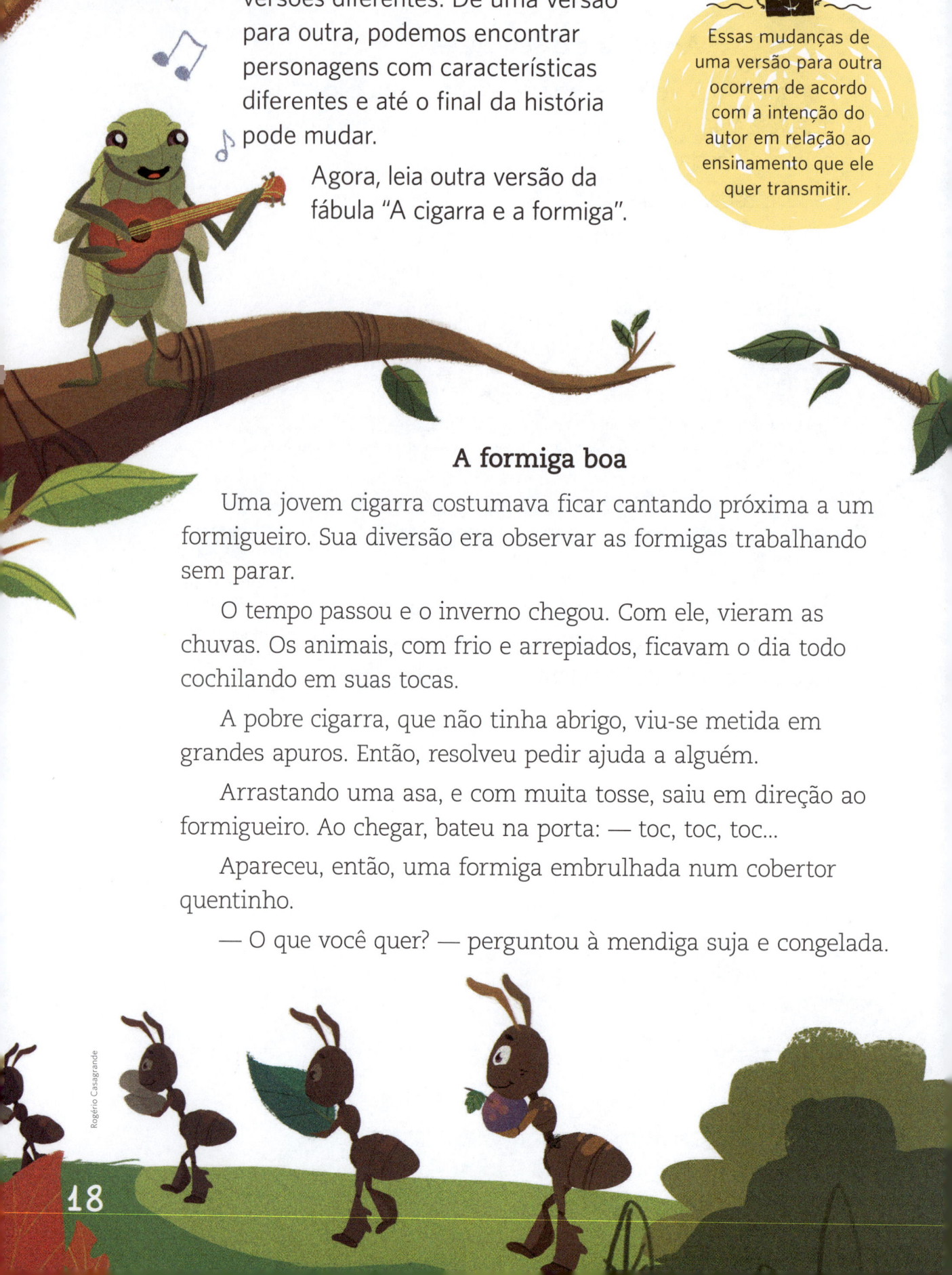

11. Uma mesma fábula pode apresentar versões diferentes. De uma versão para outra, podemos encontrar personagens com características diferentes e até o final da história pode mudar.

Agora, leia outra versão da fábula "A cigarra e a formiga".

Essas mudanças de uma versão para outra ocorrem de acordo com a intenção do autor em relação ao ensinamento que ele quer transmitir.

A formiga boa

Uma jovem cigarra costumava ficar cantando próxima a um formigueiro. Sua diversão era observar as formigas trabalhando sem parar.

O tempo passou e o inverno chegou. Com ele, vieram as chuvas. Os animais, com frio e arrepiados, ficavam o dia todo cochilando em suas tocas.

A pobre cigarra, que não tinha abrigo, viu-se metida em grandes apuros. Então, resolveu pedir ajuda a alguém.

Arrastando uma asa, e com muita tosse, saiu em direção ao formigueiro. Ao chegar, bateu na porta: — toc, toc, toc...

Apareceu, então, uma formiga embrulhada num cobertor quentinho.

— O que você quer? — perguntou à mendiga suja e congelada.

— Gostaria de um agasalho e comida. O tempo está muito frio e eu...

A formiga encarou-a de alto a baixo.

— Por que não construiu sua casa enquanto o tempo estava bom?

A cigarra, tossindo, respondeu: — Eu vivia cantando.

— Ah! era você que ficava cantando na árvore enquanto eu trabalhava?

— Sim, era eu mesma.

— Entre, por favor, amiguinha! Nunca me esquecerei dos bons momentos que passamos com sua cantoria. O seu canto nos distraía e tornava mais leve o trabalho. Sempre comentávamos: que felicidade ter uma vizinha que canta tão bem! Entre, se aqueça e coma algo, amiga.

A cigarra se recuperou e, quando o inverno acabou, ela voltou a alegrar a todos com seu canto.

Recontada pela autora.

A. Você leu duas versões de uma mesma fábula. De qual delas você mais gostou? Por quê?

B. Nas duas fábulas, o ensinamento é o mesmo? Explique.

C. As duas fábulas são parecidas até um certo momento. Em que trecho a fábula "A formiga boa" passa a ser diferente? Pinte de amarelo esse trecho no texto.

D. Qual das frases a seguir seria a melhor moral para essa versão da fábula?

○ Deus ajuda a quem cedo madruga.

○ Procure ajudar quem já lhe ajudou.

19

PRODUÇÃO: CRIANDO UM NOVO FINAL PARA UMA FÁBULA

Você estudou várias características de uma fábula e viu também que esse gênero pode apresentar versões diferentes. Agora, você vai criar um final diferente e uma nova moral para uma fábula que você vai escolher.

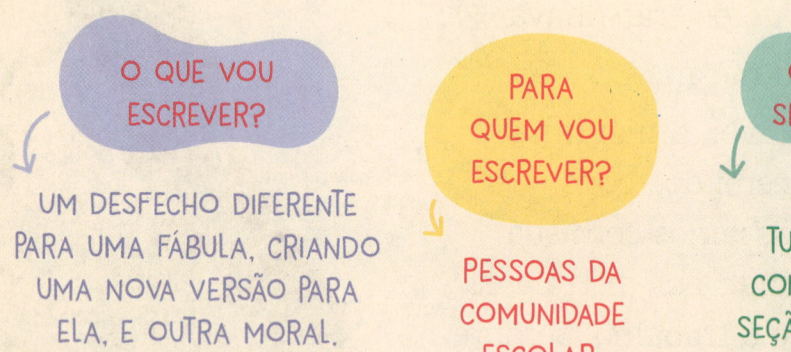

- O QUE VOU ESCREVER? UM DESFECHO DIFERENTE PARA UMA FÁBULA, CRIANDO UMA NOVA VERSÃO PARA ELA, E OUTRA MORAL.
- PARA QUEM VOU ESCREVER? PESSOAS DA COMUNIDADE ESCOLAR.
- ONDE O TEXTO SERÁ PUBLICADO? NO LIVRO DA TURMA, QUE SERÁ CONFECCIONADO NA SEÇÃO MÃOS À OBRA!

 PLANEJANDO

Primeiro, escolha uma fábula. Você poderá:

- escolher uma que seja a sua preferida ou optar por alguma das citadas neste capítulo.

- O LEÃO E O RATINHO
- A CEGONHA E A RAPOSA
- A ASSEMBLEIA DOS RATOS
- O GALO E A PÉROLA
- A CADELA E O SEU REFLEXO

- pedir a um familiar que lhe conte uma fábula. Nesse caso, escreva-a em uma folha para se lembrar de todos os fatos quando for escrever o novo final para ela.

- consultar outros livros que contenham fábulas, como **Fábulas de Esopo**, de Jean de La Fontaine (Editora Scipione); e **Era uma vez Esopo**, de Katia Canton (Editora DCL).

Após escolher a fábula, anote a seguir os principais aspectos dela.

PERSONAGENS (CONSIDERE O QUE CADA ANIMAL REPRESENTA NO MUNDO DAS FÁBULAS.)	
PRINCIPAIS FATOS (PENSE NO QUE A FÁBULA QUER ENSINAR.)	
DESFECHO/FINAL (DEVE SER COERENTE COM OS FATOS NARRADOS.)	
MORAL (O ENSINAMENTO DA FÁBULA.)	

Agora, você vai pensar em um novo final para essa fábula. Lembre-se de que ele deve:

- ser uma continuidade da fábula original, ou seja, deve dar prosseguimento aos fatos narrados.
- envolver os mesmos personagens, mas, se desejar, pode acrescentar um novo personagem à história que ajude a dar um outro sentido ao final, isto é, transmitir um novo ensinamento.

Para ajudar na escolha de um novo personagem para participar da fábula, leia o que alguns animais representam:

CORDEIRO: INGENUIDADE	**LEBRE**: RAPIDEZ	**RAPOSA**: ESPERTEZA
TOURO: FORÇA	**PORCO**: GULA	**CORUJA**: SABEDORIA

PRODUZINDO O FINAL DA FÁBULA

Comece a produzir o seu texto. Nas folhas de rascunho nas páginas **23** e **24**, anote o título da sua fábula e escreva um ou dois parágrafos da fábula original, dando continuidade aos fatos narrados.

Você também poderá usar os dois-pontos no final de uma frase e antes do travessão, ou seja, após os verbos que antecedem a fala do personagem. Por exemplo: disse, respondeu, falou, comentou etc.

- Escreva seu final de fábula mantendo o mesmo narrador da história original escolhida por você.
- Se desejar, inclua diálogos entre os personagens. Nesse caso, lembre-se de usar os dois-pontos e o travessão para marcar as falas.
- Termine sua produção, criando e anotando uma nova moral.

AVALIANDO O FINAL DA FÁBULA

Após a escrita, releia a sua produção para verificar se você seguiu todas as orientações.

AVALIAÇÃO	SIM	NÃO
O FINAL PRODUZIDO DÁ CONTINUIDADE À HISTÓRIA, OU SEJA, AOS FATOS DA NARRATIVA?		
OS DIÁLOGOS FORAM MARCADOS POR DOIS-PONTOS E TRAVESSÃO?		
FOI CRIADA UMA NOVA MORAL? O ENSINAMENTO QUE ELA TRANSMITE ESTÁ DE ACORDO COM A FÁBULA E O NOVO FIM DA HISTÓRIA?		

Arrume o que for necessário e entregue o final que você produziu para o professor. Quando recebê-lo de volta, faça o que foi indicado. Depois, escreva, nas páginas **25** e **26**, o título, o início e o desenvolvimento da fábula escolhida e inclua o final que você criou. Finalmente, faça uma ilustração para o seu texto.

 NA SEÇÃO **MÃOS À OBRA!**, A SUA FÁBULA FARÁ PARTE DO **LIVRO DA TURMA**.

RASCUNHO

CAPÍTULO 2 CONTOS QUE ENCANTAM

Algumas histórias contêm magia e encantam quem as lê. Nelas, personagens agem de forma mágica e surpreendem o leitor. Que história como essa você conhece? Acontece algo mágico nela?

O texto a seguir é um **conto maravilhoso**. Por que ele teria esse nome?

Observe o título do conto. Qual será a espécie de magia que essa história vai contar? Leia o conto e descubra.

O sapateiro e os duendes

Era uma vez um sapateiro que trabalhava duro e era muito honesto. Mas nem assim ele conseguia ganhar o suficiente para viver. Até que, finalmente, tudo que ele tinha no mundo se foi, exceto a quantidade de couro exata para fazer um par de sapatos. Ele os cortou e deixou preparados para montar no dia seguinte, pretendendo acordar de manhã bem cedo para trabalhar. Apesar de todas as dificuldades, tinha a consciência limpa e o coração leve, por isso foi tranquilamente para a cama deixando seus problemas ao cuidado dos céus, e adormeceu. De manhã cedo, depois de dizer suas orações, preparava-se para fazer seu trabalho, quando, para seu grande espanto, ali estavam os sapatos, já prontos, sobre a mesa. O bom homem não sabia o que dizer ou pensar deste estranho acontecimento. Examinou o acabamento: não havia sequer um ponto falso no serviço todo e era tão bem-feito e preciso que parecia uma perfeita obra de arte.

Dois de Nós

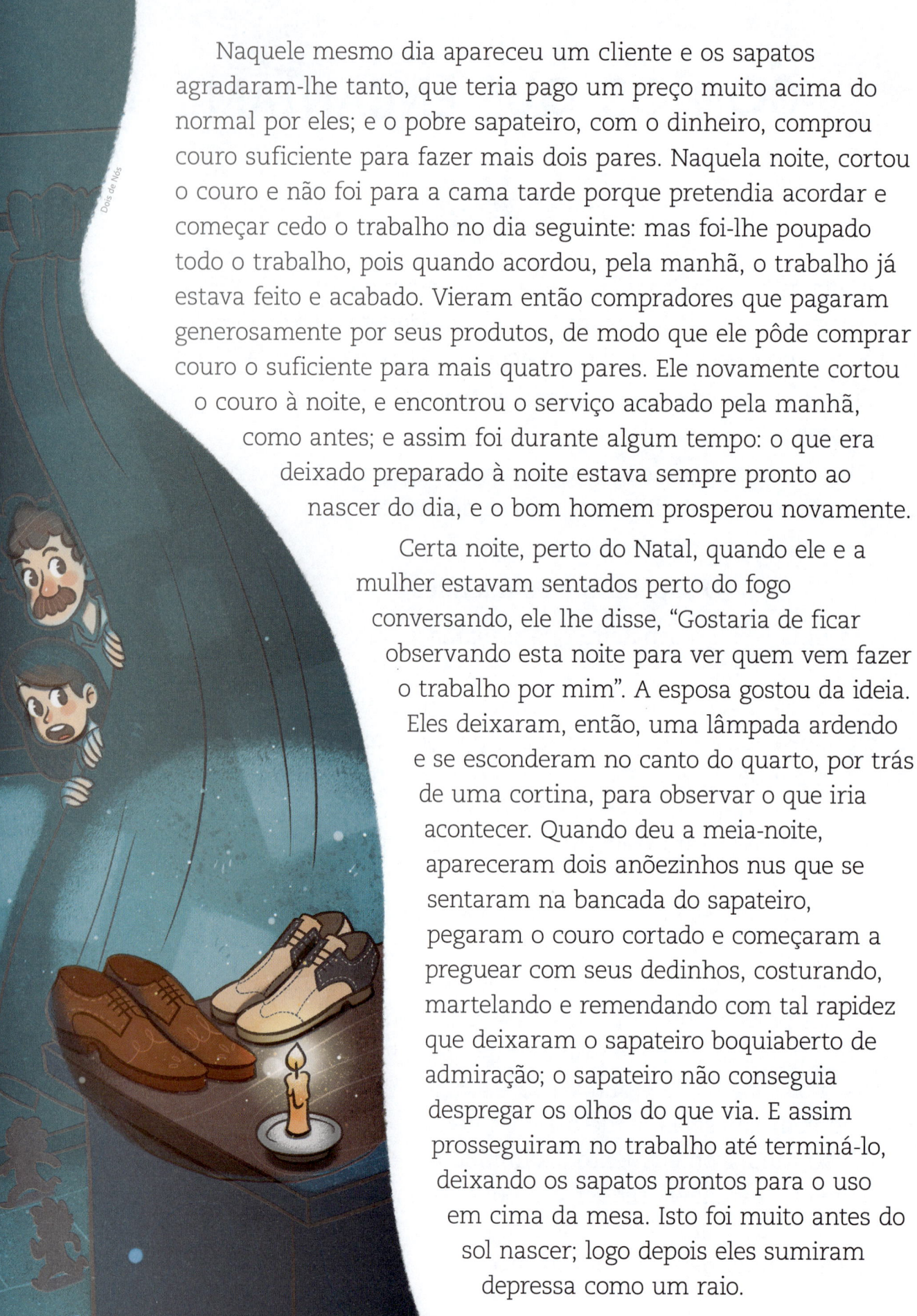

Naquele mesmo dia apareceu um cliente e os sapatos agradaram-lhe tanto, que teria pago um preço muito acima do normal por eles; e o pobre sapateiro, com o dinheiro, comprou couro suficiente para fazer mais dois pares. Naquela noite, cortou o couro e não foi para a cama tarde porque pretendia acordar e começar cedo o trabalho no dia seguinte: mas foi-lhe poupado todo o trabalho, pois quando acordou, pela manhã, o trabalho já estava feito e acabado. Vieram então compradores que pagaram generosamente por seus produtos, de modo que ele pôde comprar couro o suficiente para mais quatro pares. Ele novamente cortou o couro à noite, e encontrou o serviço acabado pela manhã, como antes; e assim foi durante algum tempo: o que era deixado preparado à noite estava sempre pronto ao nascer do dia, e o bom homem prosperou novamente.

Certa noite, perto do Natal, quando ele e a mulher estavam sentados perto do fogo conversando, ele lhe disse, "Gostaria de ficar observando esta noite para ver quem vem fazer o trabalho por mim". A esposa gostou da ideia. Eles deixaram, então, uma lâmpada ardendo e se esconderam no canto do quarto, por trás de uma cortina, para observar o que iria acontecer. Quando deu a meia-noite, apareceram dois anõezinhos nus que se sentaram na bancada do sapateiro, pegaram o couro cortado e começaram a preguear com seus dedinhos, costurando, martelando e remendando com tal rapidez que deixaram o sapateiro boquiaberto de admiração; o sapateiro não conseguia despregar os olhos do que via. E assim prosseguiram no trabalho até terminá-lo, deixando os sapatos prontos para o uso em cima da mesa. Isto foi muito antes do sol nascer; logo depois eles sumiram depressa como um raio.

No dia seguinte, a esposa disse ao sapateiro, "Esses homenzinhos nos deixaram ricos e devemos ser gratos a eles, prestando-lhes algum serviço em troca. Fico muito chateada de vê-los correndo para cá e para lá como eles fazem, sem nada para cobrir as costas e protegê-los do frio. Sabe do que mais; vou fazer uma camisa para cada um, e um casaco, e um colete, e um par de calças em troca; você fará para cada um deles um par de sapatinhos".

A ideia muito agradou o bom sapateiro e, certa noite, quando todas as coisas estavam prontas, eles as puseram sobre a mesa em lugar das peças de trabalho que costumavam deixar cortadas e foram se esconder para observar o que os duendes fariam. Por volta da meia-noite, os anões apareceram e iam sentar-se para fazer o seu trabalho, como de costume, quando viram as roupas colocadas para eles, o que os deixou alegres e muito satisfeitos. Vestiram-se, então, num piscar de olhos, dançaram, deram cambalhotas e saltitaram na maior alegria até que finalmente saíram dançando pela porta para o gramado, e o sapateiro nunca mais os viu: mas enquanto viveu, tudo correu bem para ele desde aquela época.

Irmãos Grimm. O sapateiro e os duendes. Em: Irmãos Grimm. **Contos de Fadas**. Tradução de Celso M. Paciornik. São Paulo: Iluminuras, 2000. p. 95-96.

IRMÃOS GRIMM

Jacob e Wilhelm Grimm nasceram em Hanau, na Alemanha (em 1785 e 1786, respectivamente). Eles eram pesquisadores e professores universitários. O resultado de algumas de suas pesquisas foi o registro de histórias tradicionais alemãs, que eram contadas oralmente. Com isso, registraram histórias como **A Bela Adormecida, O Pequeno Polegar, Branca de Neve e os Sete Anões**, entre outras, famosas até hoje.

COMPREENDENDO O TEXTO

1. Você já conhecia esse conto? Em caso afirmativo, explique como o conheceu.

2. Em sua opinião, por que os duendes ajudaram o sapateiro?

3. Em alguns momentos do texto, o sapateiro é chamado de **bom homem**. Leia os trechos a seguir.

> O **bom homem** não sabia o que dizer ou pensar deste estranho acontecimento.

> [...] o que era deixado preparado à noite estava sempre pronto ao nascer do dia, e o **bom homem** prosperou novamente.

Marque a alternativa que explica o que é ser um **bom homem**.

○ Pessoa que tem habilidades em um determinado tipo de trabalho.

○ Pessoa com qualidades ou características que a tornam querida e respeitada por outras.

O sapateiro e sua esposa descobriram que eram os duendes quem os ajudava e tiveram gratidão por eles. A gratidão é um importante sentimento que torna as pessoas mais felizes, pois, assim, mantemos boas relações com outras pessoas, que também tendem a ser agradecidas a nós.

ESTUDANDO O CONTO MARAVILHOSO

1. Nos contos maravilhosos, há personagens sobrenaturais que dão um ar de magia para as histórias. Encontre no diagrama cinco desses personagens.

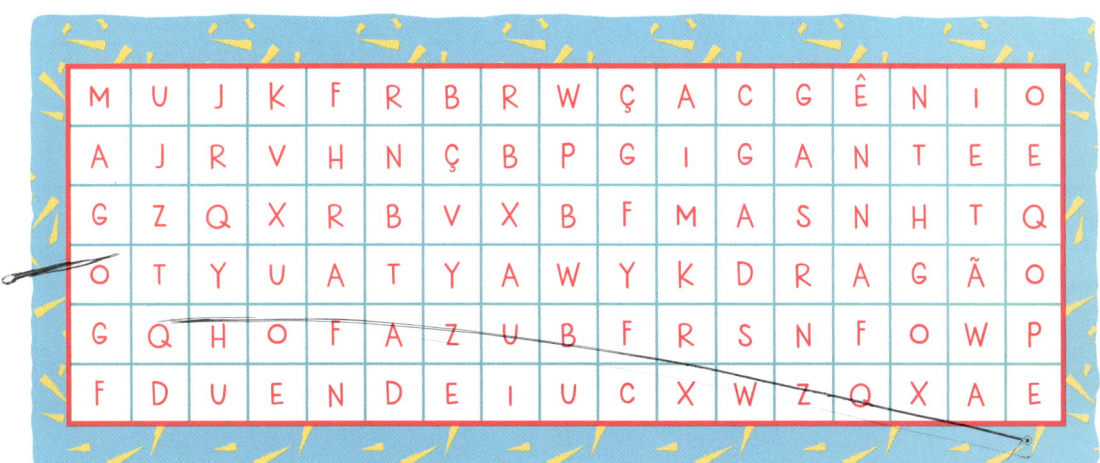

2. Nessas histórias, geralmente, os seres sobrenaturais surgem para mudar a situação em que o personagem principal se encontra. Contorne os personagens do conto "O sapateiro e os duendes" que possuem esses poderes.

3. Nos contos maravilhosos, esses seres com poderes mágicos podem realizar ações positivas ou negativas. Quais eram os tipos de ações dos duendes no conto? Explique.

_____

_____

_____

4. Escolha um dos seres do diagrama da página anterior. Imagine que ele é um ser mágico que vai interferir na vida de um personagem que você vai criar.

Complete o quadro a seguir com as informações sobre esse ser.

QUAL É O SER MÁGICO?	
QUE TIPOS DE PODERES ELE POSSUI?	
QUE PERSONAGEM ELE VAI AJUDAR?	
COMO ELE VAI MUDAR A SITUAÇÃO EM QUE O PERSONAGEM PRINCIPAL SE ENCONTRA?	

5. Nos contos, é comum aparecer a descrição dos personagens. Releia os trechos a seguir e contorne as características do sapateiro.

A. Era uma vez um sapateiro que trabalhava duro e era muito honesto.

B. Apesar de todas as dificuldades, tinha a consciência limpa e o coração leve, por isso foi tranquilamente para a cama [...].

6. Qual é o tipo de narrador no conto lido?

○ Narrador-personagem, que também participa da história.

○ Narrador-observador, que somente observa e narra os fatos.

7. Os contos maravilhosos são desenvolvidos com base em um tema que envolve um problema vivenciado pelo personagem principal. Releia o conto "O sapateiro e os duendes". Depois, marque **V** na alternativa verdadeira e **F** na falsa.

○ O personagem principal passa por uma situação de dificuldade financeira, pois lhe falta o que é necessário à sua sobrevivência.

○ O problema enfrentado pelo personagem principal não está relacionado à falta de recursos necessários à sua sobrevivência.

8. Os contos maravilhosos narram fatos que aconteceram há muito tempo.

A. Volte às páginas **27** a **29** e copie as expressões que indicam quando os fatos aconteceram no:

- primeiro parágrafo: _____

- segundo parágrafo: _____

- terceiro parágrafo: _____

- quarto parágrafo: _____

- quinto parágrafo: _____

B. Leia o trecho inicial de dois contos maravilhosos e sublinhe as expressões que indicam quando os fatos aconteceram em cada história.

Houve, uma vez, um pescador e sua mulher, que moravam num sórdido casebre à beira-mar. O pescador passava os dias com o anzol a pescar, pescar, pescar.

Certa vez, estava ele sentado a pescar e olhava para o mar liso, calmo, transparente, que permitia ver até bem longe a areia no fundo. Pouco pescava, porém; o necessário apenas para não morrer de fome. [...]

Irmãos Grimm. O pescador e sua mulher. Em: Irmãos Grimm. **Contos e Lendas dos Irmãos Grimm**. Tradução de Íside M. Bonini. São Paulo: Edigraf, [19--?]. p. 134.

Era uma vez um jovem chamado Ali babá. Ele viajava pelo reino da Pérsia levando e trazendo notícias para o rei.

Numa das viagens, enquanto descansava, ouviu vozes. Subiu numa árvore e viu quarenta ladrões diante de uma enorme pedra. Um deles adiantou-se e gritou: "Abre-te, Sésamo!"

A enorme pedra se moveu, mostrando a entrada de uma caverna, os ladrões entraram e a pedra fechou-se. [...]

Ali Babá e os quarenta ladrões. **Q Divertido.com.br.** Disponível em: <www.qdivertido.com.br/verconto.php?codigo=35>. Acesso em: 28 jun. 2017.

C. Podemos afirmar que nos contos maravilhosos é comum:

○ não aparecer a data exata de quando as histórias aconteceram.

○ aparecer a data exata de quando as histórias aconteceram.

9. O conto "O sapateiro e os duendes" é uma narrativa, isto é, conta uma história. Uma narrativa é organizada nas seguintes partes:

1 SITUAÇÃO INICIAL
SITUAÇÃO DE TRANQUILIDADE EM QUE SÃO APRESENTADOS OS FATOS E OS PERSONAGENS PRINCIPAIS.

2 CONFLITO
MOMENTO EM QUE APARECE UM PROBLEMA QUE FAZ A HISTÓRIA FICAR INTERESSANTE E MOVIMENTADA.

3 CLÍMAX
MOMENTO DE MAIOR TENSÃO, O AUGE DO CONFLITO; GERALMENTE, NOS FAZ PENSAR "E AGORA, O QUE VAI ACONTECER?".

4 DESFECHO
PARTE FINAL DA HISTÓRIA, QUANDO O CONFLITO/ PROBLEMA É SOLUCIONADO.

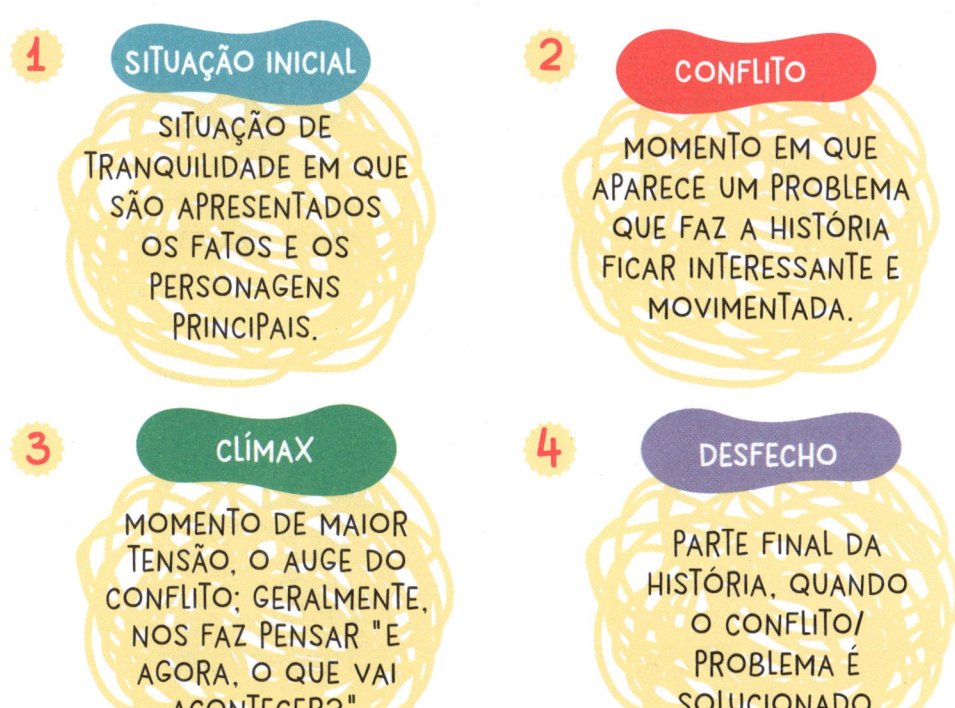

Agora que você conheceu as partes que compõem uma narrativa, relacione os acontecimentos do texto, de acordo com a legenda abaixo.

1 SITUAÇÃO INICIAL **2** CONFLITO **3** CLÍMAX **4** DESFECHO

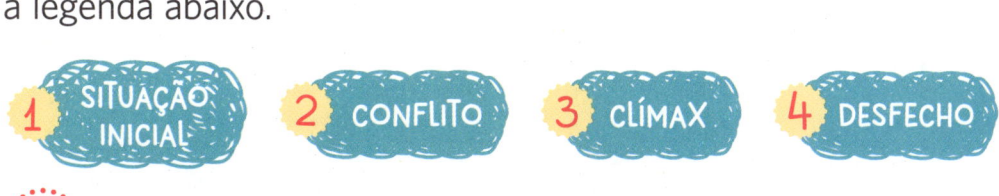

(1) Um sapateiro honesto e trabalhador não conseguia ganhar o suficiente para viver.

(   ) O sapateiro e sua esposa se esconderam no canto do quarto, por trás de uma cortina, para observar o que iria acontecer e descobrir quem estava fazendo os sapatos.

(   ) Tudo o que o sapateiro tinha no mundo se foi, e ele ficou apenas com uma quantidade de couro exata para fazer um par de sapatos.

(   ) Os duendes vestiram as roupas alegremente, saíram e não mais voltaram. O sapateiro teve uma boa vida a partir daquela época.

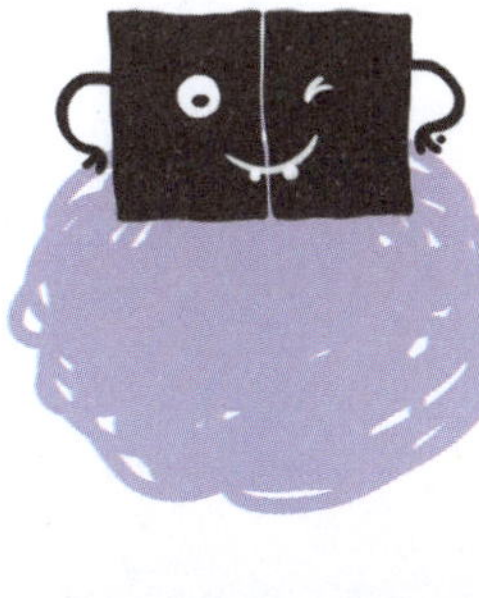

10. O final do conto "O sapateiro e os duendes" é um exemplo de como essas histórias geralmente terminam. Assinale a afirmativa que explica como são esses finais.

○ Não há uma solução para o problema e os personagens aprendem a conviver com a situação.

○ A solução é encontrada por meio de um encantamento e os personagens vivem felizes.

11. Leia os trechos dos textos a seguir e assinale quais deles fazem parte de um conto maravilhoso.

○ O marinheiro Popeye foi usado na década de 30 numa campanha dos médicos para as crianças comerem mais alimentos ricos em ferro. Aí é que o personagem começou a devorar latas de espinafre.

○ Numa cidade do Oriente, vivia Aladim, filho de um modesto alfaiate chamado Mustafá. Seu pai tinha morrido e sua mãe precisava dar conta sozinha das necessidades da família. [...] Um dia, viu parar diante de sua casa um desconhecido, que dizia ser irmão de Mustafá. Ele contou que voltava do Marrocos, onde havia feito fortuna, e ficaria muito contente em poder ajudá-los. Na realidade, tratava-se de um habilidoso mago. Ele se mostrou generoso, ia frequentemente jantar na casa deles, e pouco a pouco ganhou a confiança da família.
[...]

Tudo era novidade e surpresa, naquele primeiro dia de aula! Na frente da escola, as mães conversavam. As crianças mostravam, umas às outras, a nova mochila, o estojo de lápis de cor e os cadernos novos e encapados. Júlia ficou contente por participar de tudo, mas sentia dentro de seu coração um medo esquisito e sem explicação. [...]

Era uma vez um moleiro que deixou uma pobre herança a ser dividida entre os três filhos. Para o mais velho, tocou um moinho, o segundo teve por direito um asno, e, para o caçula, coube apenas um gato. Esse filho, ao receber algo que não lhe tinha serventia, ficou muito aborrecido e resmungou:

— Meus irmãos poderão trabalhar juntos e ganhar a vida. Mas um gato serve-me de quê, a não ser fazer dele um bom ensopado para o jantar?

O gato, que era um bicho muito esperto, ao escutar a queixa do novo dono, temeu pela própria vida e disse-lhe com ensaiada mansidão:

— Não se aflija, meu amo! Basta que me dê um saco e um par de botas para que eu possa andar pelo mato, e verá que posso lhe ser útil. [...]

PRODUÇÃO CRIANDO UMA CONTINUAÇÃO PARA UM CONTO MARAVILHOSO

Na história que você leu, um sapateiro recebeu a ajuda de alguns seres mágicos para resolver um problema. Com isso, ele conquistou uma vida melhor.

Como será que foi a vida do sapateiro e de sua esposa após receberem a ajuda dos duendes? O que será que aconteceu com eles?

É sobre isso que você vai escrever agora. Crie uma continuação para esse conto, narrando como foi a vida desses personagens após a partida dos duendes.

Dois de Nós

O QUE VOU ESCREVER?

UMA CONTINUAÇÃO PARA O CONTO MARAVILHOSO, CRIANDO SITUAÇÕES QUE REVELAM O QUE ACONTECEU COM O SAPATEIRO E SUA ESPOSA APÓS A PARTIDA DOS DUENDES.

PARA QUEM VOU ESCREVER?

PESSOAS DA COMUNIDADE ESCOLAR.

ONDE O TEXTO SERÁ PUBLICADO?

NO LIVRO DA TURMA, QUE SERÁ CONFECCIONADO NA SEÇÃO **MÃOS À OBRA!**.

✏️ PLANEJANDO

- Releia o conto "O sapateiro e os duendes", na seção **Lendo**, e liste a seguir as principais informações dessa história.

PRINCIPAIS PERSONAGENS	
ONDE OCORREU A HISTÓRIA	
SITUAÇÃO INICIAL	
CONFLITO	
CLÍMAX	
DESFECHO	

- Agora, pense nas seguintes questões.
  › O sapateiro continuou produzindo sozinho os sapatos ou contratou outras pessoas para ajudá-lo?
  › Os sapatos continuaram a ser vendidos com a mesma facilidade dos que eram produzidos pelos duendes?
  › Eles tiveram algum outro problema?
  › Algum outro ser mágico ou os próprios duendes apareceram para ajudá-los novamente?
  › Como os personagens agradeceram a ajuda recebida?

PRODUZINDO A CONTINUAÇÃO DO CONTO MARAVILHOSO

- Escreva nas folhas de rascunho os parágrafos iniciais do conto original.
- Mantenha o mesmo tipo de narrador da história.
- Use expressões para marcar o tempo indefinido e apresente o que ocorreu com os personagens logo após a partida dos duendes.
- Dê continuidade ao conto envolvendo esses ou outros personagens nas situações que você planejou.
- Se desejar, inclua diálogos entre os personagens. Nesse último caso, lembre-se de usar os dois-pontos e o travessão para marcar as falas.

Organize seu texto de modo que apresente: situação inicial, conflito, clímax e desfecho. Se tiver dúvidas, veja essas informações na página 35.

AVALIANDO A CONTINUAÇÃO DO CONTO MARAVILHOSO

Após finalizar seu texto, faça uma revisão para verificar se seguiu todas as orientações.

AVALIAÇÃO	SIM	NÃO
O TEXTO DÁ SEQUÊNCIA AO CONTO "O SAPATEIRO E OS DUENDES"?		
A ESTRUTURA ESTÁ ORGANIZADA EM SITUAÇÃO INICIAL, CONFLITO, CLÍMAX E DESFECHO?		
APRESENTA ELEMENTOS DO CONTO: TEMPO E ESPAÇO INDEFINIDOS, SERES MÁGICOS, PERSONAGENS?		
CASO HAJA NOVOS PERSONAGENS, HÁ DESCRIÇÕES DELES?		
AS FALAS FORAM MARCADAS POR DOIS-PONTOS E TRAVESSÃO?		

Arrume o que for necessário e entregue seu texto ao professor. Quando recebê-lo de volta, faça o que foi indicado. Finalize a produção escrevendo, na página da versão final, a sua continuação da história.

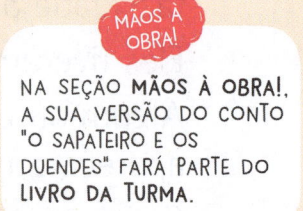

MÃOS À OBRA!

NA SEÇÃO **MÃOS À OBRA!**, A SUA VERSÃO DO CONTO "O SAPATEIRO E OS DUENDES" FARÁ PARTE DO **LIVRO DA TURMA**.

RASCUNHO

VERSÃO FINAL

MÃOS À OBRA!

LIVRO DA TURMA

Chegou a hora de você e seus colegas produzirem o **Livro da Turma**!

Vocês vão organizar os textos que criaram nos dois capítulos desta unidade.

Sigam algumas instruções.

1ª ETAPA

- Providencie uma cópia dos textos que você criou na seção **Produção** dos capítulos 1 e 2.
- Combine com o professor se os textos serão digitados ou copiados à mão. Use a versão final do seu texto, pois ela já foi corrigida.
- Inclua o seu nome no final dos seus dois textos e imprima-os, ou peça ajuda ao seu professor para isso.
- Se não houver possibilidade de digitar os textos, passe-os a limpo em folhas avulsas ou recortem as páginas deste livro com as versões finais. Capriche na letra para que os leitores do livro possam entender bem o que você escreveu.
- Faça ilustrações bem coloridas para cada um deles.

Caso a turma decida digitar os textos, siga as orientações que o professor vai passar sobre a padronização do estilo, da cor e do tamanho das fontes.

2ª ETAPA

O professor vai dividir a turma em quatro grupos. Cada grupo será responsável por uma etapa de produção do livro.

CRIAÇÃO DA CAPA E DA CONTRACAPA DO LIVRO

GRUPO 1

Ficará responsável por elaborar a capa e a contracapa. Para isso:

- poderá usar materiais como cartolina, papel colorido, recortes de revistas e imagens da internet;
- deverá sugerir títulos para o livro;
- identificar o nome da turma que elaborou o livro;
- produzir um pequeno texto informando qual é o conteúdo do livro.

ORGANIZAÇÃO DOS TEXTOS

GRUPO 2

Ficará responsável por organizar os textos produzidos, de modo que os títulos ou os nomes dos autores fiquem em ordem alfabética.

Em seguida, deverá numerar as páginas.

SUMÁRIO DO LIVRO

GRUPO 3

Fará o sumário do livro, que será dividido em duas partes e apresentará: títulos, nome dos autores e números das páginas dos textos.

- Parte I
  Fábulas (novo final e nova moral de fábula).
- Parte II
  Conto maravilhoso (continuação de conto maravilhoso).

Sumário

Contos maravilhosos

Ali Babá e os quarenta ladrões
Alana Cristina Pereira 15

João e o pé de feijão
Maria Júlia Abreu 18

O gato de botas
Pedro Moreira Silva 20

O pescador e sua esposa
Bruno Gusmão 23

Rumpelstiltskin
Carla Trindade 27

MONTAGEM DO LIVRO

GRUPO 4

Sob a orientação do professor, ficará responsável pela montagem final do livro, optando por encaderná-lo ou grampeá-lo.

A ordem da montagem do **Livro da Turma** será a seguinte:

CAPA DO LIVRO → SUMÁRIO DAS FÁBULAS → SUMÁRIO DOS CONTOS MARAVILHOSOS → FÁBULAS PRODUZIDAS EM ORDEM CRESCENTE DE NÚMERO DE PÁGINAS. → CONTINUAÇÃO DOS CONTOS MARAVILHOSOS PRODUZIDOS EM ORDEM CRESCENTE DE NÚMERO DE PÁGINAS. → CONTRACAPA

3ª ETAPA

Conversem com os colegas e o professor sobre as instruções a seguir.

- Finalizado o livro, verifiquem com o professor a possibilidade de todos da turma levá-lo para casa, a fim de mostrarem aos familiares.
- Programem um dia para doarem o livro à biblioteca da escola.

AVALIAÇÃO DA ATIVIDADE

Após a realização das atividades, com o professor, conversem sobre como foi confeccionar o **Livro da Turma**.

Avaliem os seguintes aspectos:

- o que você achou dessa experiência de produção em grupo?
- todos os membros do seu grupo participaram das atividades?
- o que pode ser melhorado em uma próxima atividade semelhante a essa?

UNIDADE

2 TROCANDO MENSAGENS

Nesta unidade, você vai estudar as principais características dos gêneros **carta** e **mensagem instantânea**. Depois, você vai produzir uma carta pessoal e criar uma mensagem.

BOM TRABALHO!

A O que as pessoas da imagem estão fazendo? Como é possível chegar a essa conclusão?

B Hoje em dia, as pessoas costumam se comunicar por meio de cartas? Comente.

C Como você costuma se comunicar? Compartilhe com os colegas.

Cena do filme **Orgulho e preconceito**, dirigido por Joe Wright, lançado em 2005.

Filme de Joe Wright, Orgulho e preconceito. EUA, França e Reino Unido, 2005. Foto: Focus Features/courtesy Everett Collection/Easypix

49

CAPÍTULO 3 UMA CARTA PARA VOCÊ

LENDO

O texto a seguir é uma **carta** pessoal. Você sabe para que serve um texto como esse?

Você já escreveu uma carta para alguém ou já recebeu alguma? Como essa correspondência é veiculada? Essas e outras informações você vai estudar nas próximas páginas.

Observe a carta a seguir. Qual será o assunto dela? Vamos ler para saber.

Curitiba, 15 de junho de 2017.

Olá, amiga Larissa!

Aqui é a Lara... Lembra que na escola estávamos aprendendo carta e eu disse que nas férias escreveria uma? Então, resolvi deixar o celular de lado e fazer essa cartinha pra você.

Como estão as suas férias? Estou em Curitiba e aqui está tudo bem.

Estou me divertindo muito brincando com meus primos, comendo coisas gostosas e lendo histórias bem legais.

Ah, hoje, eu fui ao cinema. O filme era muito legal! Será que minha carta vai chegar antes de eu voltar para a nossa cidade? Espero que sim!

Amiga, espero que você tenha gostado dessa surpresa!

Quando eu chegar, vou aí brincar com você.

Até logo! Um beijo!
Lara.

Rogério Casagrande

COMPREENDENDO O TEXTO

1. Como essa carta foi escrita?

2. De que outras formas escritas Lara poderia ter se comunicado com a amiga?

3. Essa carta foi escrita por um adulto ou uma pessoa mais jovem (criança ou adolescente)?

4. Que elementos do texto auxiliam nessa identificação?

5. Quem escreveu a carta que você leu? Pinte o nome.

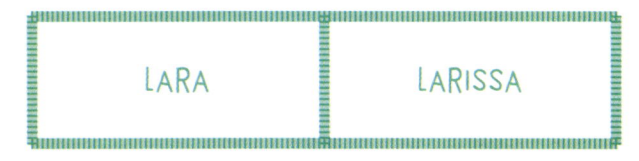

| LARA | LARISSA |

6. Para quem essa carta foi escrita? Pinte o nome.

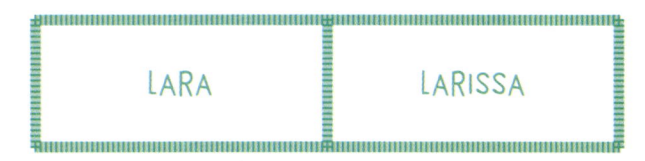

| LARA | LARISSA |

7. Na carta, Lara fala de um período muito legal. De que período ela está falando?

_____

8. Onde Lara está passando suas férias? Esse lugar é a cidade onde ela mora? Justifique sua resposta com um trecho do texto.

_____

_____

9. O que Lara está fazendo nas férias para se divertir?

_____

_____

10. A forma como Lara inicia e termina a carta para Larissa indica:

○ que elas não têm uma relação muito próxima e se conhecem pouco.

○ que elas têm uma relação muito próxima e se conhecem bastante.

ESTUDANDO A CARTA PESSOAL

1. Escreva a primeira letra de cada imagem e descubra o nome de quem:

A. escreve uma carta.

B. recebe uma carta.

2. Qual é a primeira informação que aparece no início da carta da página **50**?

_____
_____

3. Por que é importante apresentar essas informações em uma carta?

_____
_____
_____

4. Uma carta apresenta uma estrutura composta de:

- LOCAL E DATA (CABEÇALHO)
- SAUDAÇÃO
- INTRODUÇÃO
- CORPO DA CARTA
- DESPEDIDA
- ASSINATURA

Escreva, a seguir, cada uma dessas partes nos locais indicados na carta.

> Curitiba, 15 de junho de 2017.
>
> Olá, amiga Larissa!
>
> Aqui é a Lara... Lembra que na escola estávamos aprendendo carta e eu disse que nas férias escreveria uma? Então, resolvi deixar o celular de lado e fazer essa cartinha pra você.
>
> Como estão as suas férias? Estou em Curitiba e aqui está tudo bem.
> Estou me divertindo muito brincando com meus primos, comendo coisas gostosas e lendo histórias bem legais.
> Ah, hoje, eu fui ao cinema. O filme era muito legal! Será que minha carta vai chegar antes de eu voltar para a nossa cidade? Espero que sim!
> Amiga, espero que você tenha gostado dessa surpresa!
> Quando eu chegar, vou aí brincar com você.
>
> Até logo! Um beijo!
> Lara.

Rogério Casagrande

5. Leia as saudações a seguir. Pinte de amarelo as que poderiam aparecer em uma carta pessoal.

PREZADA SENHORA,	AMADA MAMÃE,	EXCELENTÍSSIMO DOUTOR,
OLÁ, QUERIDA COLEGA,	MEU AMOR,	CAROS PROFESSORES,
MEU AMADO FILHO,	CAROS TITIO E TITIA,	PREZADO SÓCIO,

> O tipo de saudação em uma carta depende da relação entre as pessoas envolvidas. Caso sejam íntimas, elas podem usar saudações informais, como: Querido; Oi; etc.
>
> Se a relação não for de proximidade, a saudação será formal: Prezado senhor; Estimada senhora; Caro professor etc.

6. Leia os inícios e as despedidas de algumas cartas e complete-os com a saudação adequada para cada tipo de destinatário.

PREZADO MORADOR,

CARO COLABORADOR,

QUERIDO VOVÔ,

1

_____

Na semana que vem iremos visitar você e a vovó.

Beijos de seu neto,
Maurício.

II

Solicitamos sua contribuição para a melhoria do nosso bairro.

...

Cordialmente,

O Presidente da Associação.

III

Sabemos que o seu bem-estar no ambiente de trabalho está em primeiro lugar.

...

Atenciosamente,

Fabiana Mendes.
Diretora de Recursos Humanos.

7. O texto da página **50** é uma **carta pessoal**. Nesse tipo de carta, quem escreve pode utilizar palavras ou expressões informais. Contorne, nos trechos a seguir, palavras ou expressões informais que comprovam isso.

I

Então, resolvi deixar o celular de lado e fazer essa cartinha pra você.

II

Ah, hoje, eu fui ao cinema.

Apesar de a carta pessoal geralmente ser informal, é preciso evitar escrever palavras com erros de ortografia e de acentuação.

55

8. Agora, leia esta outra carta.

> Florianópolis, 20 de junho de 2017.
>
> Oi, querida amiga.
> Adorei receber sua carta. Agora tô bem. Fiquei um pouco doente esses dias, mas ainda bem que foi só uma gripe e já estou ótima de novo.
> Minhas férias também estão muito divertidas, assim como as suas. Estou curtindo muito a praia e fazendo esculturas incríveis na areia.
> Sua carta chegou sim antes de você, muito legal isso. Quando você chegar, a gente pode se encontrar e brincar muito.
> OK?
> Até daqui uns dias.
>
> Beijos, beijos,
> Larissa.

Rogério Casagrande

A. Essa carta é:

○ uma mensagem de Larissa iniciando uma conversa com Lara.

○ a resposta de Larissa à carta recebida da amiga Lara.

B. Contorne na carta acima os elementos que justificam sua resposta.

9. Na introdução de uma carta, é importante deixar claro para o destinatário o motivo pelo qual resolveu escrevê-la.

   A. O que motivou Lara a escrever a carta?

   _____

   B. Leia as cartas a seguir e contorne nelas o motivo de terem sido escritas.

   I

   Belo Horizonte, 25 de abril de 2017.

   Amada filha,

   Estou lhe escrevendo para contar uma novidade. Seu pai conseguiu a transferência de trabalho que tanto queria. Enfim, vamos nos mudar para Salvador no final do ano.

   Assim, vamos ficar juntas novamente e poderei ver meus lindos netos mais vezes. Acho que também conseguiremos montar a nossa tão sonhada doceria.

   Com amor e muitas saudades,

   Mamãe.

   II

   Petrolina, 22 de fevereiro de 2017.

   Senhores responsáveis,

   Venho, por meio desta, informar-lhes que a partir do próximo ano as avaliações serão bimestrais e não mais trimestrais.

   Mais informações podem ser vistas no *site* da escola.

   Atenciosamente,

   Moacyr Antunes.
   Coordenador pedagógico.

10. Uma carta é encerrada com uma despedida e uma assinatura.

A. Assinale como poderia ser o final de uma carta pessoal.

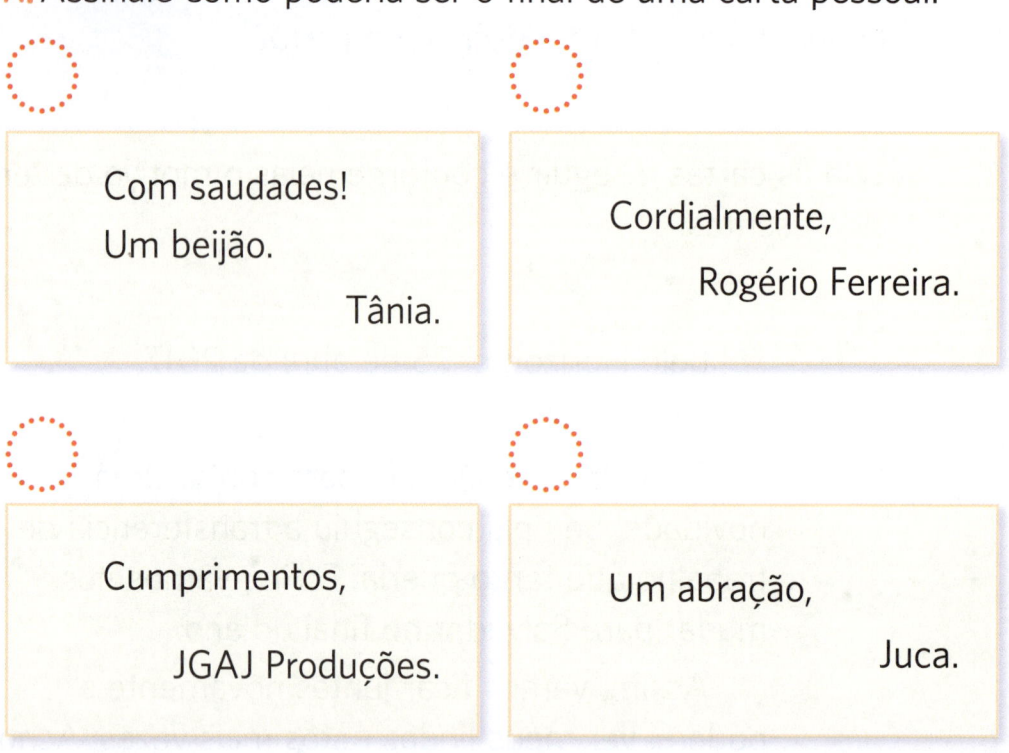

○
Com saudades!
Um beijão.
　　　　　Tânia.

○
Cordialmente,
　　　　Rogério Ferreira.

○
Cumprimentos,
　　　　JGAJ Produções.

○
Um abração,
　　　　　Juca.

B. Sublinhe as palavras que o ajudaram a assinalar o final de uma carta pessoal.

11. Observe o envelope que Lara usou para enviar a carta a sua amiga.

FRENTE

Larissa da Costa
Rua do Sol, 1234
Bairro da Luz
Florianópolis - SC

CEP 1 2 3 4 5 - 6 7 8

VERSO

Lara da Silva
Rua da Chuva, 321
Jardim Liberdade - Curitiba - PR
CEP 87654-321

Relacione as informações às partes do envelope.

A FRENTE   **B** VERSO

○ Nome do remetente.   ○ Endereço do destinatário.
○ Nome do destinatário.   ○ Endereço do remetente.

PARA CONHECER MAIS

No livro **O carteiro chegou**, os autores contam a alegria de personagens de contos de fadas ao enviar e receber cartas. O livro, todo contado em rimas, vem cheio de cartas de verdade, além de postais, livrinhos e convites, com envelope e tudo.

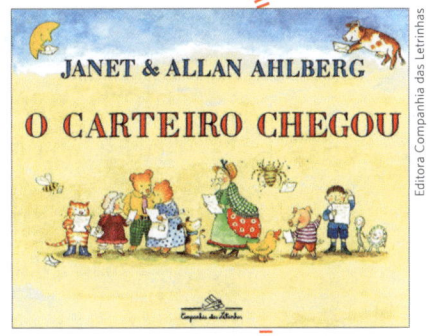

No filme **Central do Brasil**, a personagem principal Dora escreve cartas para pessoas que não sabem escrever. A história se passa na Estação Central do Brasil, no Rio de Janeiro, e um dos clientes é um menino que vai à estação com a mãe e deseja escrever cartas no intuito de encontrar o pai, que nunca conheceu.

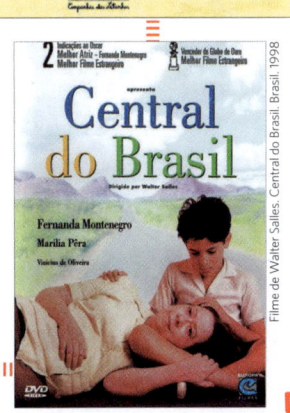

PRODUÇÃO ESCREVENDO UMA CARTA PESSOAL

Você conheceu as características de uma carta pessoal e viu como ela pode ser veiculada. Agora, você vai escrever uma carta para alguém.

O QUE VOU ESCREVER?
UMA CARTA PESSOAL.

PARA QUEM VOU ESCREVER?
PARA UM ALUNO DE OUTRA ESCOLA, QUE SERÁ SORTEADO PELO PROFESSOR.

COMO O TEXTO SERÁ ENVIADO?
A CARTA SERÁ ENVIADA AO DESTINATÁRIO VIA CORREIO.

PLANEJANDO

Para produzir a sua carta, siga algumas orientações.

- Providencie um envelope e um selo para enviar sua carta.
- O professor vai sortear o destinatário.
- Informe-se com o professor sobre o nome, sobrenome e endereço completo do seu destinatário.
- Pense no assunto que você quer compartilhar com essa pessoa por meio da carta. Você pode, por exemplo:
  > contar sobre a sua escola e perguntar como é a do seu destinatário;
  > explicar como você e seus colegas brincam na escola;
  > perguntar como as crianças dessa outra escola brincam;
  > compartilhar alguma atividade que gosta de praticar e perguntar qual é a preferida do destinatário;
  > perguntar de qual matéria ele mais gosta etc.

- Lembre-se dos elementos essenciais de uma carta e use o quadro abaixo para fazer um esboço do que vai escrever.

LOCAL E DATA	
SAUDAÇÃO	
CORPO DA CARTA (ASSUNTOS)	
DESPEDIDA	
ASSINATURA	

PRODUZINDO A CARTA PESSOAL

Agora, você vai produzir a carta a ser enviada para o colega sorteado. Veja abaixo outras orientações para esta produção.

- Escreva o texto nas folhas de rascunho que se encontram nas páginas 63 e 64.
- Anote o cabeçalho (nome da sua cidade e data).
- Use uma saudação educada e amistosa.
- Organize as informações em parágrafos. Lembre-se de que no primeiro parágrafo você deve esclarecer o motivo de sua carta.

- Forneça as informações de maneira bem clara para que o destinatário as compreenda.
- Lembre-se de se despedir e de assinar a carta.

AVALIANDO A CARTA PESSOAL

Avalie a sua carta para verificar se você seguiu todas as orientações.

AVALIAÇÃO	SIM	NÃO
A CARTA É INICIADA COM A DATA E O LOCAL?		
HÁ UMA SAUDAÇÃO?		
O CORPO DA CARTA ESTÁ ORGANIZADO EM PARÁGRAFOS?		
VOCÊ SE DESPEDIU E ASSINOU A CARTA?		
AS PALAVRAS FORAM ESCRITAS DE FORMA CORRETA?		

Agora, passe a carta a limpo nas páginas destinadas à versão final, fazendo as correções necessárias. Com a ajuda do professor, preencha o envelope com os seus dados e os da pessoa que receberá a carta.

Por fim, aguarde as orientações do professor para enviá-la.

PROJETO ESCREVE CARTAS

Você já ouviu falar desse projeto? Ele surgiu na cidade de São Paulo e tem o objetivo de encontrar voluntários para registrarem em cartas as mensagens de pessoas com dificuldade em se comunicar por meio da escrita. Com esse projeto, espera-se que essas pessoas possam retomar o contato com entes queridos que moram em municípios distantes.

RASCUNHO

VERSÃO FINAL

CAPÍTULO 4 CHEGOU MENSAGEM!

LENDO

Atualmente, as pessoas têm acesso a diversos recursos tecnológicos que possibilitam a comunicação de forma bastante ágil. Quais desses recursos você conhece ou já ouviu falar? Você usa algum deles?

O texto a seguir é uma troca de **mensagens instantâneas**. Sobre o que será que as pessoas estão conversando? Vamos conferir.

Pedro
online

terça, 18 abr

E aí, blz?
17:10

Vc sabe se é para estudar o cap 5 pra aula de amanhã?
17:15

Cara, a prof mandou lá no grupo, vc não viu? 😝
17:15

Pera q vou te encaminhar
17:15

Queridos alunos, pra nossa aula de amanhã, leiam as páginas 35 a 37 do livro. Vamos começar o capítulo 5, ok?
17:16

Mano, já li tudo então 😂😂😂
17:20

Flw Ivan 👍👍👍
17:22

Vlw
17:22

COMPREENDENDO O TEXTO

1. Você costuma trocar mensagens instantâneas com seus amigos e familiares? Sobre o que geralmente conversam?

2. Em sua opinião, quais são os assuntos sobre os quais as crianças normalmente preferem conversar?

3. De que outras formas as pessoas se comunicam pela internet?
_____
_____

4. Observe na página anterior as pessoas que estão trocando as mensagens.

　A. Quem são essas pessoas?
　_____

　B. Quem é o dono do aparelho celular cuja tela está reproduzida?
　_____
　_____

5. Nessa troca de mensagens, sobre o que as pessoas estão conversando?

　○ Sobre o conteúdo de uma prova.

　○ Sobre as leituras a serem feitas para a aula do dia seguinte.

ESTUDANDO A MENSAGEM INSTANTÂNEA

1. Uma mensagem instantânea pode apresentar os seguintes itens:

- INDICAÇÃO DE QUE O INTERLOCUTOR ESTÁ CONECTADO.
- DATA DA CONVERSA.
- BALÃO INDICANDO A RESPOSTA DO INTERLOCUTOR.
- NOME DA PESSOA COM QUEM O PORTADOR DO APARELHO ESTÁ CONVERSANDO.
- BALÃO INDICANDO A MENSAGEM ENVIADA PELO PORTADOR DO APARELHO AO INTERLOCUTOR.

Escreva cada um desses itens nos locais indicados na mensagem abaixo.

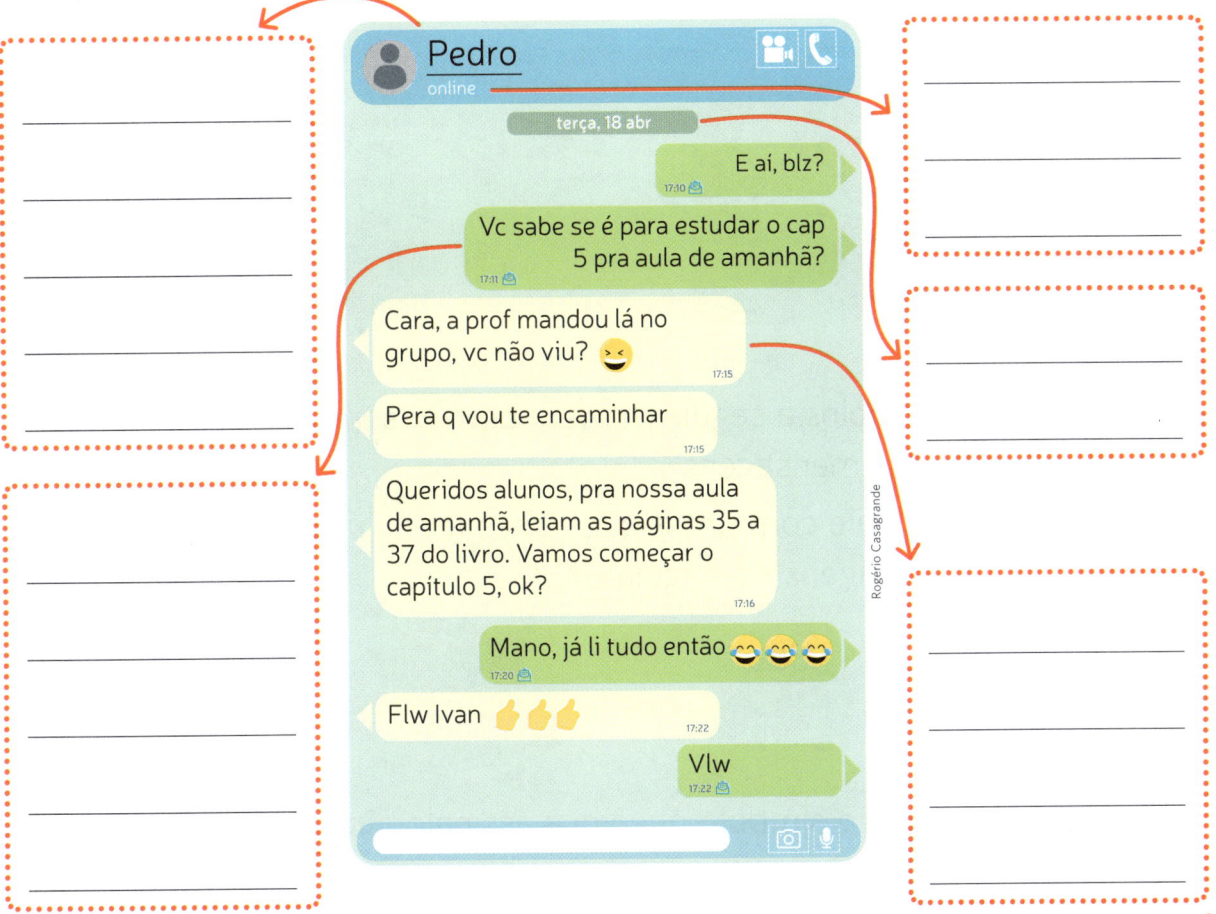

Pedro — online

terça, 18 abr

E aí, blz? 17:10

Vc sabe se é para estudar o cap 5 pra aula de amanhã? 17:11

Cara, a prof mandou lá no grupo, vc não viu? 😆 17:15

Pera q vou te encaminhar 17:15

Queridos alunos, pra nossa aula de amanhã, leiam as páginas 35 a 37 do livro. Vamos começar o capítulo 5, ok? 17:16

Mano, já li tudo então 😂😂😂 17:20

Flw Ivan 👍👍👍 17:22

Vlw 17:22

Rogério Casagrande

2. Nesse tipo de mensagem, são usados símbolos que apresentam significados diferentes. Ligue cada símbolo ao seu significado.

A.

INDICA QUE A MENSAGEM FOI ENVIADA, MAS NÃO LIDA PELO INTERLOCUTOR.

B.

INDICA QUE A MENSAGEM FOI ENVIADA, MAS NÃO FOI RECEBIDA PELO INTERLOCUTOR.

C.

INDICA QUE A MENSAGEM NÃO FOI ENVIADA AO INTERLOCUTOR.

D.

INDICA QUE A MENSAGEM FOI LIDA PELO INTERLOCUTOR.

3. Os símbolos a seguir também podem ser utilizados em uma troca de mensagens.

A. Assinale com um X qual deles foi utilizado na troca de mensagens da página **67**.

B. O que o símbolo que você assinalou indica?

_____

4. Como Pedro conseguiu repassar a Ivan as informações reproduzidas a seguir?

> Queridos alunos, pra nossa aula de amanhã, leiam as páginas 35 a 37 do livro. Vamos começar o capítulo 5, ok?
> 17:16

○ Pedro copiou a mensagem de um grupo do qual os dois colegas participam e colou na mensagem para Ivan.

○ A professora entrou na conversa dos dois garotos e passou as informações.

5. É possível saber quando ocorreu essa troca de mensagens entre Ivan e Pedro? Como?

_____

_____

6. Nas mensagens instantâneas, são utilizados alguns símbolos chamados *emojis*.

A. Identifique e pinte o significado dos *emojis* usados na mensagem da página **67**.

RINDO MUITO	AH, TÁ	HUMMMM...
ESTOU COM SONO	SOU DEMAIS, HEIN?	OK, JOINHA
ESTOU TRISTE	CHORANDO DE RIR	DESCULPE

B. Por que as pessoas utilizam esses *emojis*?

_____

_____

c. Você costuma utilizar *emojis* em suas mensagens? Quais você mais usa? Desenhe-os e escreva o que significam.

7. No capítulo **3**, você estudou os elementos de uma carta pessoal. Compare a carta pessoal com a mensagem instantânea e assinale os itens de cada um desses textos.

A. Em relação às partes que geralmente apresentam.

TEXTO	LOCAL	DATA	SAUDAÇÃO	ASSUNTO	DESPEDIDA	ASSINATURA
CARTA PESSOAL						
MENSAGEM INSTANTÂNEA						

B. Em relação ao assunto.

TEXTO	ASSUNTO	
	BEM DESENVOLVIDO	POUCO DESENVOLVIDO
CARTA PESSOAL		
MENSAGEM INSTANTÂNEA		

8. Dependendo da pessoa para quem a mensagem é enviada, pode-se usar uma linguagem formal ou informal. Em mensagens informais, além dos *emojis*, é comum o uso de palavras reduzidas. Identifique e contorne abaixo as palavras reduzidas usadas por Ivan e Pedro.

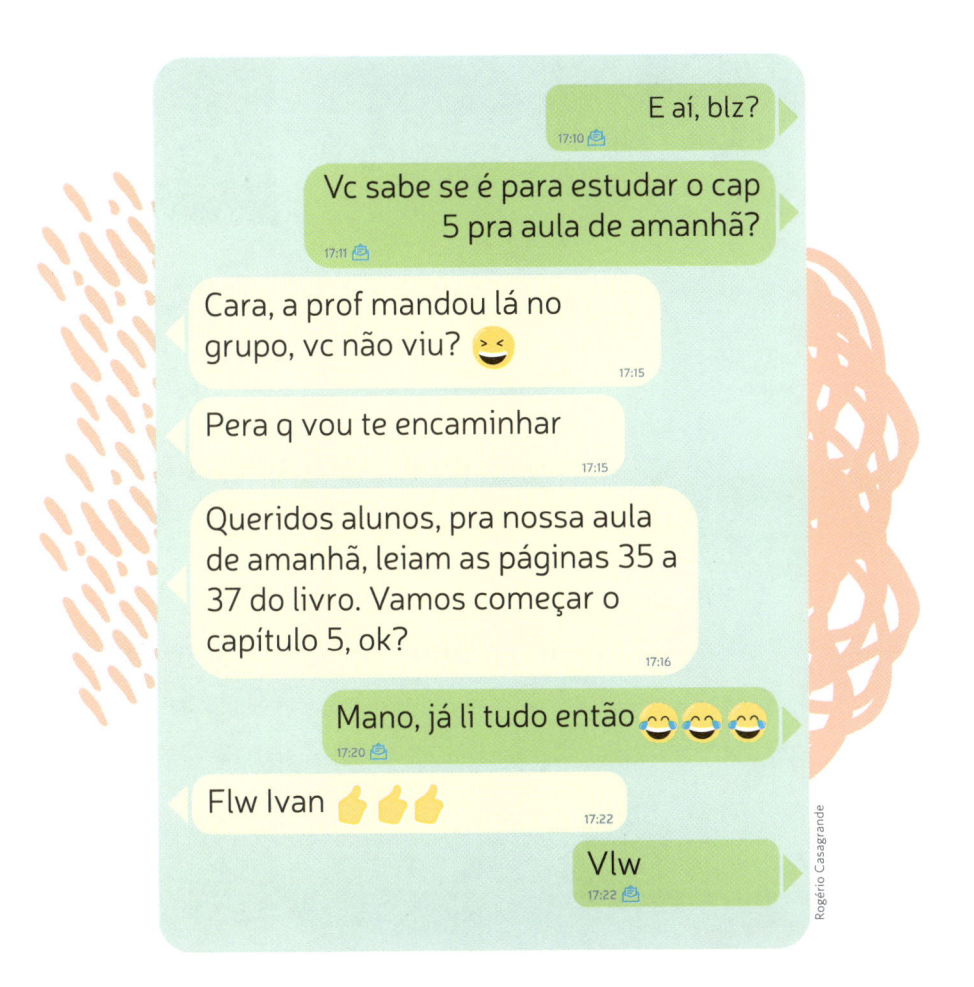

> E aí, blz?
> 17:10

> Vc sabe se é para estudar o cap 5 pra aula de amanhã?
> 17:11

Cara, a prof mandou lá no grupo, vc não viu? 😆
17:15

Pera q vou te encaminhar
17:15

Queridos alunos, pra nossa aula de amanhã, leiam as páginas 35 a 37 do livro. Vamos começar o capítulo 5, ok?
17:16

> Mano, já li tudo então 😂😂😂
> 17:20

Flw Ivan 👍👍👍
17:22

> Vlw
> 17:22

Rogério Casagrande

Em mensagens instantâneas, *e-mails*, *blogs* ou outros *sites*, é comum o uso de uma linguagem mais próxima da fala, por exemplo, uso de onomatopeias (kkkkk), de vogais ou consoantes alongadas (issoooo, amooooo, grannnnde), economia de letras (blz, vc, pra, tbm). No entanto, essa linguagem, chamada **internetês**, é aceita no universo da internet e em mensagens via telefone celular. Fora desses contextos, em situações formais de comunicação, não é apropriado utilizá-la.

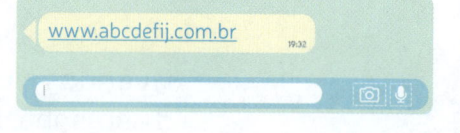

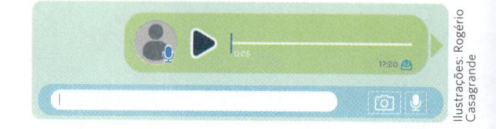

9. Nas mensagens instantâneas também é possível compartilhar outros elementos. Ligue cada elemento a seguir à imagem que o está representando.

A MENSAGEM DE VOZ

B FOTOGRAFIA

C VÍDEO

D LINK DE SITE DA INTERNET

PRODUÇÃO — TROCANDO MENSAGENS INSTANTÂNEAS

Na página 67, você leu a troca de mensagens entre Ivan e Pedro e aprendeu que podemos escrever ou manter uma conversa em tempo real com quem desejarmos.

Agora, você vai trocar mensagens instantâneas com outra pessoa.

O QUE VOU ESCREVER?
UMA MENSAGEM SOBRE ALGUM ASSUNTO, SIMULANDO UMA CONVERSA.

COM QUEM VOU TROCAR MENSAGENS?
COM UM COLEGA DE SALA.

COMO O TEXTO SERÁ ENVIADO?
POR MEIO DA TROCA DE MENSAGENS ESCRITAS DIRETAMENTE AO INTERLOCUTOR.

PLANEJANDO

Para essa produção, siga algumas orientações.

- Forme dupla com um colega para vocês trocarem mensagens.
- Pense em uma saudação para a sua mensagem. Lembre-se de que se trata de uma situação informal e, portanto, você vai usar uma linguagem informal.
- Você poderá usar *emojis*, palavras abreviadas, gírias, ou seja, o internetês.
- Pense no assunto que você vai conversar nessa troca de mensagens com seu colega. Por exemplo:
  > combinar um passeio;
  > convidá-lo para ir à sua casa;
  > perguntar se ele tem um livro para emprestar;
  > planejar uma festa surpresa para um amigo.

PRODUZINDO A MENSAGEM

Agora, vocês vão conversar por meio de mensagens escritas.

- Utilizem os espaços reservados, nas páginas **77** e **78**, para realizarem a conversa. Decidam quem vai iniciá-la.
- Combinem também em qual livro vocês vão fazer os registros, simulando uma conversa de aplicativo de celular.
- Usem balões de fala, tal como no aparelho celular. Para definir os balões de cada interlocutor, vocês poderão usar duas cores de fundo, além de posicioná-los ora à direita (suas mensagens), ora à esquerda (mensagens do seu interlocutor).
- Lembrem-se de escrever o nome de quem iniciou a conversa no topo da página, para simular a imagem da tela do celular.
- No decorrer da conversa, insiram *emojis*, para indicar os sentimentos, e também palavras abreviadas.
- Finalizem a conversa com uma despedida.

AVALIANDO A MENSAGEM

Após finalizarem as mensagens, façam uma revisão para conferirem se seguiram todas as orientações.

AVALIAÇÃO	SIM	NÃO
FOI ESCRITO O NOME DE QUEM INICIOU A CONVERSA?		
OS *EMOJIS* EMPREGADOS ESTÃO DE ACORDO COM O SENTIDO QUE VOCÊS PRETENDERAM TRANSMITIR?		
FOI EMPREGADA UMA LINGUAGEM INFORMAL?		
USARAM PALAVRAS ESCRITAS DE FORMA ABREVIADA E ELAS INDICARAM O QUE VOCÊS PRETENDIAM TRANSMITIR?		

Finalmente, converse com os demais colegas e com o professor sobre como foi realizar a atividade e verifique se o seu colega compreendeu bem as suas mensagens.

A CONVERSA

WhiteBarbie/Shutterstock.com

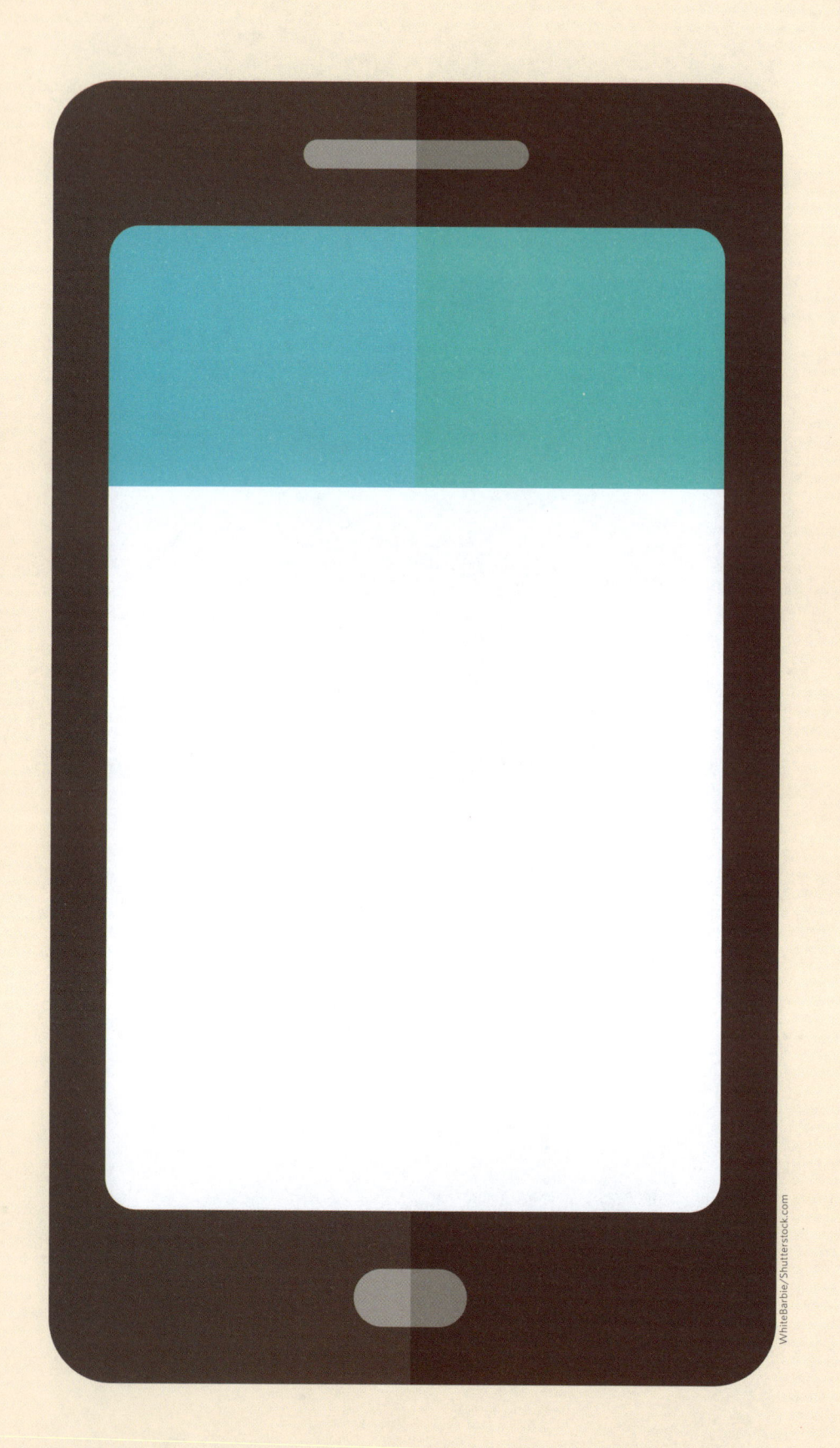

MÃOS À OBRA!

CARTAS SOLIDÁRIAS

Nesta unidade, você conheceu duas formas de se comunicar com outras pessoas. Agora, você e seus colegas vão utilizar uma dessas formas — a **carta pessoal** — para estabelecer contato com algumas pessoas e alegrar o dia delas.

Essa atividade será realizada em etapas. Siga as instruções.

1ª ETAPA

DEFINIÇÃO DOS DESTINATÁRIOS DAS CARTAS

- Com a ajuda do professor, você e seus colegas vão escolher uma instituição, como um asilo ou um orfanato, para onde enviarão cartas.
- O professor entregará à turma uma lista com o nome e a idade das pessoas que moram nessas instituições. Cada aluno deverá escolher a quem vai enviar a carta.
- Além da carta, faça um desenho bem bonito para enviá-lo junto.

2ª ETAPA

PLANEJANDO A CARTA

Definido quem será o destinatário da sua carta, planeje o que vai escrever.

- Pense em assuntos para compartilhar sobre você mesmo, como:
  > seu nome e idade;
  > nome da escola e ano em que estuda;

> sua matéria preferida;
> o que gosta de fazer no dia a dia, quando não está na escola.

- Você também poderá fazer perguntas para a pessoa a fim de conhecê-la melhor. Por exemplo:
  > como é a vida na instituição?;
  > quais são as atividades de seu dia a dia?;
  > do que mais gosta nesse lugar?;
  > quais são os seus sonhos?.

3ª ETAPA

ESCREVENDO A CARTA

Chegou a hora de produzir as Cartas Solidárias!

- Relembre com o professor a estrutura de uma carta.
- Escreva a carta numa folha de caderno.
- Para que ela fique com um aspecto mais alegre, faça uma ilustração bem colorida com lápis de cor, giz de cera ou caneta hidrocor. Se preferir, faça colagens.
- O professor entregará à turma um selo e um envelope.
- Preencha o verso do envelope com o nome do seu destinatário e o endereço completo da instituição.
- Escreva na parte da frente seu nome e o endereço completo da escola.

ENVIO DAS CARTAS

Ao terminar a carta e o preenchimento do envelope, cole o selo no lugar apropriado.

Feito isso, elas estão prontas para serem enviadas.

O professor vai recolher as cartas e ficará responsável por levá-las ao correio.

Quando as pessoas receberem as cartas, ficarão muito felizes e, certamente, terão um sorriso no rosto!

4ª ETAPA

AVALIAÇÃO DA ATIVIDADE

Com os colegas e o professor, conversem sobre como foi participar dessa atividade solidária, escrevendo uma carta para alguém que vocês não conheciam. Avaliem também como foi o envolvimento de todos nas etapas deste projeto.

Conversem sobre os seguintes aspectos:
- como foi para você escrever a carta?
- o que você sentiu ao alegrar alguém com sua carta?
- seu destinatário enviou uma resposta? O que ele escreveu?

MEU AMIGO, O CARTEIRO!

A pessoa responsável por entregar a correspondência enviada pelos Correios é chamada de **carteiro**.

Dependendo da região onde trabalha, esse profissional pode fazer as entregas a pé, de bicicleta, de carro, de moto, de barco, entre outras formas.

UNIDADE

3 PARA TODAS AS IDADES

Nesta unidade, você vai estudar as principais características do **relato de memória** e do **texto instrucional**. Depois, você vai relatar um fato interessante que viveu e produzir um texto explicando as regras do seu jogo preferido.

BOM TRABALHO!

A A fotografia mostra pessoas realizando que tipo de atividade?

B Pela expressão do rosto dessas pessoas, como elas estariam se sentindo?

C Você conhece esse jogo? Sabe como jogá-lo? Conte para os colegas.

CAPÍTULO 5 — JOGOS DA MINHA INFÂNCIA

LENDO

Na infância, as crianças passam horas brincando e, com isso, a diversão é garantida. De que você e seus colegas costumam brincar? Qual é o jogo preferido da turma?

Será que os jogos das crianças que viveram em épocas passadas eram os mesmos de hoje em dia?

O texto a seguir é um **relato de memória**. Nele, um senhor chamado Ariosto, nascido em 1900, em São Paulo, conta quais eram os jogos preferidos de sua infância. Leia-o.

> [...]
>
> Naquela época não existiam brinquedos. Penso que eles começaram a surgir só depois de 1910, 1911, mas vinham de fora. Eu fazia carrinhos com rodas de carretel de linha e nós brincávamos o dia todo, livremente, nunca me machuquei porque a rua não tinha carros.
>
> Gostava do pica-pau: Era um pauzinho com ponta dos dois lados. A gente apostava: "Quero ver se você bate o pica-pau; até onde ele vai?". A gente batia com outro pauzinho e o pica-pau dava volta e pulava longe. Ou então com diabolô, conhece? Ele tem um vãozinho no meio com carretel. A gente põe o diabolô no carretel e ele fica dançando na linha e quando a gente joga assim ele vai lá... e volta.
>
> A criançada corria e jogava no meio da rua futebol com bola feita de meia. As meninas convidavam a gente para brincar de roda com elas e cantávamos:
>
> **Passa, passa três vezes o último que ficar!**
>
> [...]

Ecléa Bosi. **Memória e sociedade**: lembranças de velhos. São Paulo: Companhia das Letras, 1994. p. 155.

COMPREENDENDO O TEXTO

1. Ariosto iniciou esse trecho do relato afirmando: "Naquela época não existiam brinquedos.".

    A. A que tipo de brinquedos ele estava se referindo?

    B. Com o que ele brincava o dia todo?

    C. Você acha que é possível uma criança se divertir sem brinquedos comprados? Justifique.

2. De acordo com o relato, onde as crianças costumavam brincar? Contorne a imagem que representa esse lugar.

PRAÇA

RUA

3. Em que trecho lemos que esse é o local onde as crianças costumavam brincar? Sublinhe-o no relato.

4. Releia o trecho a seguir.

> Penso que **eles** começaram a surgir só depois de 1910, 1911, mas vinham de fora.

A que a palavra em destaque no trecho acima faz referência?

85

5. Ariosto descreve um jogo com que as crianças costumavam brincar na infância, o diabolô. Qual das imagens a seguir se refere a ele? Marque um X.

ESTUDANDO O RELATO DE MEMÓRIA

1. Nos relatos de memória, a pessoa que relata:

○ participa dos fatos.

○ não participa dos fatos.

2. Sublinhe, no trecho a seguir, as palavras que confirmam a sua resposta da atividade anterior.

Eu fazia carrinhos com rodas de carretel de linha e nós brincávamos o dia todo, livremente, nunca me machuquei porque a rua não tinha carros.

3. Nos relatos de memória, os fatos são reais, foram vividos. Agora, leia um trecho de um relato da escritora Tatiana Belinky (1919-2013), que nasceu em São Petersburgo, na Rússia.

> Viajar para o Brasil! Foi o que nos disseram papai e mamãe, naquele dia: nós íamos viajar para o Brasil, um país que ficava na América, muito longe, do outro lado do oceano. E que nós íamos navegar até lá num navio transatlântico — que coisa romântica e empolgante!
>
> [...]
>
> Papai de fato partiu antes de nós — para "apalpar o terreno" — e, finalmente, três meses depois, chegou também a hora da nossa partida. Foi nos primeiros dias de outubro de 1929. Eu tinha dez anos e pouco, meu irmão do meio tinha sete, e o caçulinha, um ano e três meses. E partimos, mamãe e três crianças, com um único malão tipo arca contendo os nossos pertences todos, que eram bem poucos, e que foi despachado; e duas malas de mão, com as nossas coisas para viagem, que deveria durar cerca de três semanas.
>
> [...]

Tatiana Belinky. **Transplante de menina**. São Paulo: Moderna, 2003. p. 51-53.

A. Sublinhe, no relato acima, os trechos que indicam que é a própria Tatiana Belinky que escreveu e viveu os fatos relatados.

B. Como apresenta fatos reais, geralmente o relato informa as datas ou o tempo em que eles ocorreram. Quando aconteceu a viagem de Tatiana?

___

C. No relato, também é comum a pessoa transmitir sensações e emoções. Qual foi a sensação da autora sobre a viagem de navio?

___

4. Nos relatos de memória, costuma ser indicado o tempo em que os fatos aconteceram. Releia o seguinte trecho.

> A criançada **corria** e **jogava** no meio da rua futebol com bola feita de meia. As meninas **convidavam** a gente para brincar de roda com elas e **cantávamos**: [...]

As palavras destacadas nesse trecho indicam que os fatos:

- ( ) já aconteceram.
- ( ) estão acontecendo.
- ( ) vão acontecer.

5. Leia os textos a seguir.

- ( )
   agogô *a-go-gô*
   O agogô é um instrumento musical feito de ferro e que tem duas partes ocas em forma de sino. Bate-se nelas com uma varinha, também de ferro, para produzir o som.
   O agogô é muito usado em escolas de samba.

   Maria Tereza Biderman. **Meu primeiro livro de palavras**: um dicionário ilustrado do português de A a Z. São Paulo: Ática, 2009. p. 8.

- ( )
   [...]
   Aos quatro anos andei pela primeira vez de automóvel, uma espécie de banheira enorme com quatro rodas. Minha mãe me segurava, temendo um tombo, pois íamos à louca velocidade de vinte e cinco quilômetros por hora.
   [...]

   Gerda Brentani. **Eu me lembro**. São Paulo: Companhia das Letras, 1993. p. 14.

- ( )
   Tico adora olhar, com sua amiga Lia, as figuras que as nuvens formam. Quando descobre que a menina é cega, ele passa a modelar a forma das nuvens em argila.

   Mãos de vento e olhos de dentro. **Ática e Scipione**. Disponível em: <www.aticascipione.com.br/produto/maos-de-vento-e-olhos-de-dentro-24>. Acesso em: 5 jul. 2017.

A. Identifique qual deles é um relato de memória.

B. Agora, pinte de amarelo as palavras que se referem à pessoa que está relatando o texto que você assinalou.

6. Em um relato de memória, é possível contar fatos que ocorreram com outra pessoa.

Leia o trecho de um relato do médico Drauzio Varella sobre o bairro onde ele vivia quando era criança.

> [...] as crianças no Brás passavam o dia soltas. Minha irmã, como as outras meninas, não ia para longe do portão: Brincava de boneca no quintal e de amarelinha na calçada, pulava corda com as amigas e às vezes jogava futebol comigo, mas minha mãe não gostava disso; dizia que não era brincadeira de menina. [...]

Drauzio Varella. **Nas ruas do Brás**. São Paulo: Companhia das Letrinhas, 2000. p. 23.

A. Nesse trecho, sobre quem o autor do relato está falando?

_____

_____

B. Qual trecho mostra que Drauzio Varella participou dos fatos? Sublinhe esse trecho.

PARA CONHECER MAIS

No livro **Eu me lembro**, a artista plástica Gerda Brentani relata diversos eventos que presenciou no decorrer de sua vida, como o surgimento do telefone no Brasil, os bondes movidos a animais, a invenção do avião e outros acontecimentos. Essas lembranças nos levam a uma verdadeira viagem no tempo.

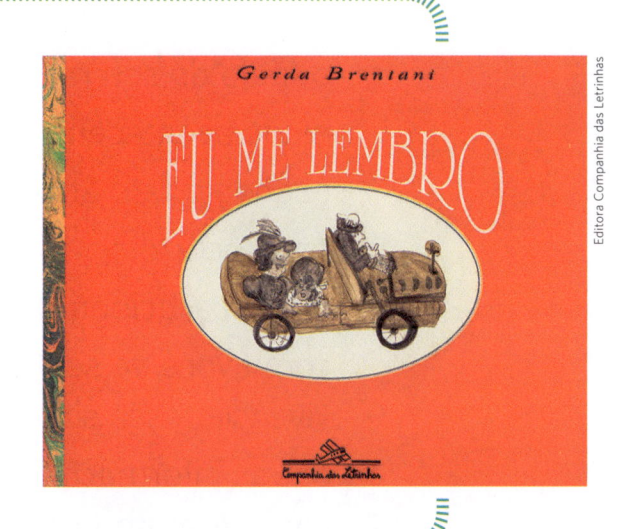

PRODUÇÃO APRESENTANDO UM RELATO DE MEMÓRIA

Você leu alguns relatos de memória e conheceu as características desse gênero.

Agora, você e seus colegas vão participar de uma **Roda de relatos** e apresentar fatos que viveram e que gostariam de compartilhar.

O QUE VOU RELATAR?
UM FATO INTERESSANTE DA MINHA VIDA.

PARA QUEM VOU APRESENTAR?
PARA OS COLEGAS DA SALA.

COMO O FATO SERÁ DIVULGADO?
EM UMA RODA DE RELATOS, NA SALA DE AULA.

PLANEJANDO

Esta será uma atividade oral, mas antes da apresentação do relato, você fará o registro escrito.

- Primeiro, lembre-se de um fato interessante que você tenha vivido e que gostaria de relatar aos colegas.

- Faça, na página **92**, um roteiro para organizar as informações. Nesse roteiro, registre:
  - o título do seu relato;
  - o que aconteceu;
  - quando o fato aconteceu;
  - onde ocorreu;
  - quem participou dele;
  - como você se sentiu ao vivenciar essa situação;
  - outras informações que considerar importantes.

PRODUZINDO O RELATO

Depois de fazer o seu roteiro, escreva o relato nas páginas **93** e **94**. Para esse registro, siga algumas dicas.

- Empregue palavras que indiquem que os fatos aconteceram com você.
- Descreva quem participou desses fatos e especifique onde, quando e de que forma eles ocorreram.
- Use uma linguagem clara e evite ser repetitivo.

AVALIANDO O RELATO

Avalie o relato com base nos itens a seguir.

AVALIAÇÃO	SIM	NÃO
VOCÊ DEU UM TÍTULO AO SEU RELATO?		
OS PRINCIPAIS FATOS FORAM RELATADOS?		
VOCÊ USOU PALAVRAS QUE INDICAM QUE OS FATOS OCORRERAM COM VOCÊ?		
A LINGUAGEM EMPREGADA ESTÁ CLARA?		

Após a avaliação, corrija o que for necessário. Depois, a turma vai combinar com o professor quando acontecerá a **Roda de relatos**.

APRESENTAÇÃO DO RELATO

Para apresentar o seu relato, siga as orientações abaixo.

- Ensaie antecipadamente.
- Cada aluno vai expor as suas experiências e ouvir as dos colegas.
- Ao relatar, fale com clareza e tom de voz adequado.
- Respeite o tempo de apresentação estipulado pelo professor e as falas dos colegas.

Ao final, conversem a respeito do que mais gostaram na atividade e se houve clareza nas apresentações.

RASCUNHO

TÍTULO DO RELATO:

O QUE ACONTECEU:

QUANDO ACONTECEU:

ONDE OCORREU:

QUEM PARTICIPOU:

COMO ME SENTI:

OUTRAS INFORMAÇÕES:

VERSÃO FINAL

CAPÍTULO 6 — UM PASSO DE CADA VEZ

LENDO

Um jeito muito interessante de se divertir com os amigos e familiares é por meio de jogos. Há muitas opções, como os jogos de cartas com estampas ilustradas, de tabuleiro, jogos corporais, entre outros.

Você costuma se divertir dessa forma? E na escola, qual é o seu jogo preferido?

O texto a seguir apresenta as regras de um jogo. Leia o título dele e diga qual seria, em sua opinião, o objetivo dele.

Leia as instruções para saber.

Gato e rato

Idade: a partir de 6 anos

Duração: 10 minutos

Jogadores: 2

Material: papel-cartão branco e preto, tesouras, cola, 1 ficha vermelha e 4 verdes.

1 Confeccionar o tabuleiro de jogo colando quadrados pretos de 3 centímetros sobre um papel-cartão branco e quadrado, de 24 centímetros de lado.

2 Colocar as fichas na posição inicial. A ficha vermelha é o rato e as verdes, os gatos.

3 Na sua vez, cada jogador faz um movimento. O rato se move sempre em um espaço na diagonal e pode avançar ou retroceder. Os gatos também se movem em diagonal, mas só podem avançar.

4 Nenhuma ficha pode capturar a outra. O rato tenta chegar à extremidade oposta do tabuleiro, deixando os gatos para trás. Os gatos tentam encurralar o rato para impedir que ele se mova. Quem atingir primeiro o objetivo ganha a partida.

Josep Maria Allué. Gato e rato. Em: Josep Maria Allué. **O grande livro dos jogos**: 250 jogos do mundo inteiro para todas as idades. São Paulo: Ciranda Cultural, 2016. p. 43.

OS JOGOS DE TABULEIRO

Os jogos de tabuleiro são disputados por duas ou mais pessoas, em uma base: o tabuleiro. Nele, as peças são movimentadas e, dependendo do jogo, podem ser colocadas ou retiradas durante as partidas.

Há jogos de tabuleiro bastante conhecidos, como o jogo da velha, a dama, a trilha e o xadrez.

Além de distrair e divertir, esses jogos melhoram a capacidade de memória e desenvolvem o raciocínio e a inteligência dos jogadores.

COMPREENDENDO O TEXTO

1. A sua opinião sobre o objetivo do jogo "Gato e rato" estava correta?

2. Qual é a idade recomendada para jogar "Gato e rato"?

3. Em sua opinião, crianças de qualquer idade podem jogar "Gato e rato"? Comente.

4. Qual é a quantidade de fichas nesse jogo e a função delas?

5. Qual é o objetivo desse jogo?

6. Observe os movimentos a seguir e assinale a qual jogador eles se referem no jogo.

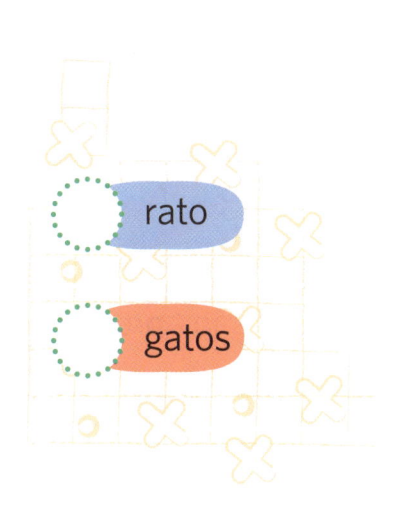

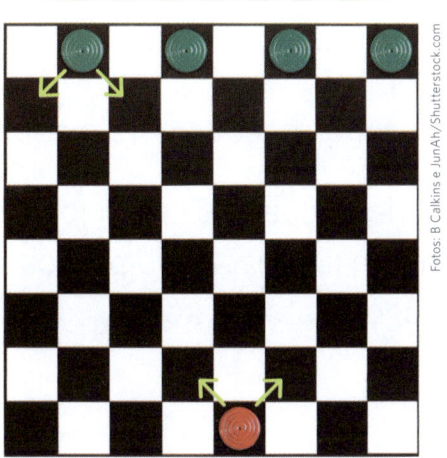

○ rato

○ gatos

MOVIMENTO EM DIAGONAL

7. Agora, pinte a alternativa que indica qual jogador pode fazer os seguintes movimentos:

A. sempre se move em diagonal e pode avançar ou retroceder.

| rato | gato |

B. se move em diagonal, mas somente pode avançar.

| rato | gato |

97

ESTUDANDO O TEXTO INSTRUCIONAL

1. O **texto instrucional** que você leu:

○ narra a história de perseguição entre gatos e um rato.

○ orienta como realizar um jogo.

○ informa sobre como surgiu o jogo "Gato e rato".

2. Um texto instrucional é dividido em partes. Numere a ordem em que as partes aparecem no texto lido.

○ Regras e orientações sobre como jogar.

○ Título/nome do jogo.

○ Informações gerais sobre o que é preciso para jogar.

3. As orientações de como jogar são apresentadas em etapas, também chamadas de **passos**. Quantas etapas são apresentadas no jogo "Gato e rato"?

_____

4. Em um texto instrucional, as orientações aparecem em:

○ forma de texto corrido, em sequência, como em um texto narrativo.

○ tópicos e podem ser identificadas, por exemplo, com números (1º ou 1) ou sinais gráficos (• ou -).

5. Leia o texto instrucional a seguir.

Jogo das bolinhas de gude

- Número de jogadores: _____.

- Material: _____.

- ◯ A partida termina quando não restarem mais bolinhas de gude em jogo.

- ◯ Chegada a sua vez, cada jogador lança uma bolinha de gude, tentando introduzi-la no buraco.

- ◯ Fazem-se três buracos no chão, em linha reta e separados por meio metro.

- ◯ Depois que o jogador conseguir introduzir a bolinha de gude por ordem nos três buracos, pode bater com ela em qualquer outra bolinha de gude. Quando tocar em alguma, ganha a bolinha.

Oriol Ripoll e Rosa María Curto. Jogo das bolinhas de gude. Em: Oriol Ripoll e Rosa María Curto. **Jogos de todo o mundo**: mais de 100 jogos individuais e de grupo. São Paulo: Ciranda Cultural, 2008. p. 63 (Adaptado).

A. As orientações desse jogo estão compreensíveis? Por quê?

_____

B. As instruções de um jogo devem ser seguidas em uma ordem específica ou essa ordem pode ser alterada? Por quê?

_____

_____

C. Complete a parte inicial do texto com informações sobre o número de jogadores e o material utilizado.

D. Você observou que as orientações do jogo estão fora de ordem. Ordene cada etapa numerando-as de 1 a 4.

6. O texto a seguir explica como é uma brincadeira chamada "Macaco", muito comum entre os povos indígenas Munduruku, que vivem no Pará.

I

[...]

A brincadeira é assim: um grupo de crianças, de mãos dadas, faz um círculo bem fechado. Enquanto outras ficam no centro do círculo tentando furar o bloqueio dos braços. As crianças que estão fechando o círculo devem impedir que as crianças que estão dentro do círculo escapem [...].

Daniel Munduruku. **Coisas de índio**: versão infantil.
São Paulo: Callis, 2003. p. 43.

Agora, leia o mesmo texto apresentado de forma diferente.

II

Macaco

Jogadores: grupo de crianças, mínimo 6

- Quatro crianças: deem as mãos e façam um círculo bem fechado.
- Outras duas crianças: fiquem no centro do círculo e tentem furar o bloqueio dos braços.
- Jogadores em círculo: impeçam que os que estão dentro do círculo escapem.

Ilustrações: Dois de Nós

Adaptado pela autora.

A. Em qual dos textos ficou mais fácil compreender as regras do jogo?

B. Assinale o que mudou do texto I para o texto II e que tornou mais fácil a compreensão do jogo "Macaco".

- ◯ As orientações divididas em parágrafos, a marcação em tópicos e o uso do verbo indicando ordem/pedido.
- ◯ A indicação do título do jogo.
- ◯ A apresentação das imagens mostrando como jogar.

7. Os textos instrucionais de jogos também apresentam um título. Leia, a seguir, alguns exemplos.

PETECA   LENÇO-ATRÁS   QUEIMADA

DOMINÓ   CINCO MARIAS   PASSA-ANEL

Sobre os títulos dos textos instrucionais, podemos afirmar que:

- ◯ indicam o conteúdo que será lido no texto.
- ◯ não dão pistas sobre o conteúdo que será lido no texto.

8. Releia duas orientações que aparecem no texto instrucional "Gato e rato".

CONFECCIONAR O TABULEIRO DE JOGO COLANDO QUADRADOS PRETOS [...]

COLOCAR AS FICHAS NA POSIÇÃO INICIAL.

Que ideia os verbos destacados transmitem?

- ◯ Ordem, pedido.
- ◯ Dúvida.
- ◯ Desejo.

9. Leia outro texto instrucional. Ele explica um jogo com o qual as crianças costumam brincar.

[   ]

Jogadores: um grupo de crianças

- Primeiro, encontrem um objeto pequeno que caiba na palma da mão, por exemplo, um anel, uma pedrinha ou um botão.
- Escolham uma criança para ser o passador e outra para ser o adivinhador.
- Formem uma fileira e unam as mãos, palma com palma. Nesse caso, o passador e o adivinhador não ficam na fileira.
- Passador: Pegue o objeto, esconda-o entre as mãos. Vá passando as mãos no meio das mãos de todos os jogadores da fileira. Secretamente, escolha uma pessoa da fileira e solte o objeto nas mãos dela, sem que ninguém perceba.
- Em seguida, pergunte ao adivinhador "Com quem está?".
- Adivinhador: Tente acertar com quem está o objeto. Se adivinhar, será o próximo passador e poderá escolher quem será o adivinhador.

Fonte de pesquisa: Oriol Ripoll e Rosa María Curto. **Jogos de todo o mundo**: mais de 100 jogos individuais e de grupo. São Paulo: Ciranda Cultural, sem data. p. 67.

Lislley Velani

A. Sublinhe, nesse texto, as palavras que transmitem ordem, pedido.

B. Qual é o nome desse jogo? Anote no quadro no início da página.

PRODUÇÃO — REGISTRANDO AS REGRAS DE UM JOGO

Quantos jogos divertidos vimos neste capítulo! Além dos que você estudou, há muitos outros que são praticados no dia a dia por crianças e adultos.

Agora, em pequenos grupos, você e seus colegas vão escolher um jogo e registrar as regras dele. Ele será realizado em um dia a ser combinado com o professor.

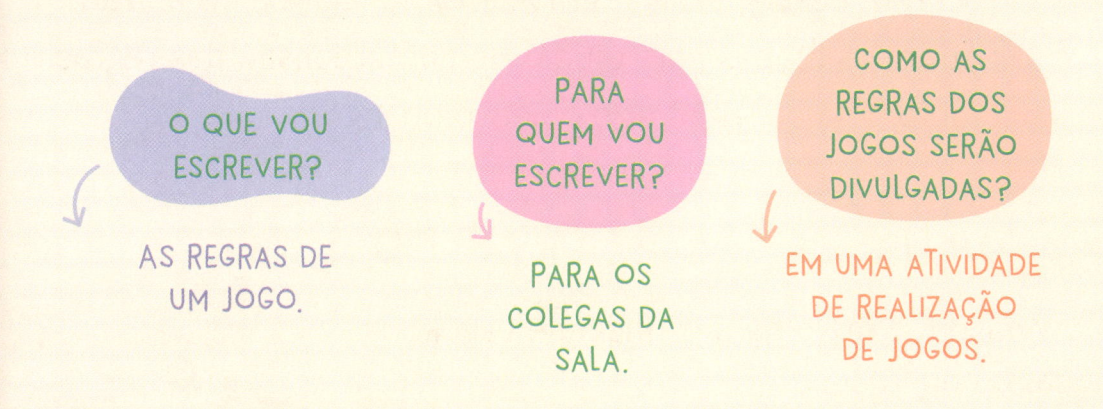

O QUE VOU ESCREVER?
AS REGRAS DE UM JOGO.

PARA QUEM VOU ESCREVER?
PARA OS COLEGAS DA SALA.

COMO AS REGRAS DOS JOGOS SERÃO DIVULGADAS?
EM UMA ATIVIDADE DE REALIZAÇÃO DE JOGOS.

PLANEJANDO

Sob a orientação do professor, forme um grupo com alguns colegas de sala.

- Depois de formadas as equipes, por meio de votação escolham o jogo para o qual pretendem registrar as regras. Pode ser, por exemplo:

JOGOS DE TABULEIRO

JOGO DA VELHA

JOGOS COM BOLA

JOGOS DE CARTAS

DOMINÓ

- Se necessário, pesquisem as regras do jogo. Vocês podem consultar livros da biblioteca ou pesquisar na internet.

PRODUZINDO AS REGRAS DO JOGO

Primeiro, façam um rascunho nas páginas **105** e **106**. Fiquem atentos às características que o texto deve conter. Observem as orientações a seguir.

- Registrem o título do jogo.
- Indiquem o número de participantes e os materiais necessários para jogar.
- Procurem descrever as regras de forma clara e organizada.
- Ilustrem as etapas para ajudar na compreensão das regras.
- Lembrem-se de registrar o objetivo do jogo.

AVALIANDO AS REGRAS DO JOGO

Avaliem o texto para verificar se seguiram todas as orientações.

AVALIAÇÃO	SIM	NÃO
INCLUÍRAM O TÍTULO DO JOGO?		
INDICARAM O NÚMERO DE PARTICIPANTES?		
LISTARAM OS MATERIAIS NECESSÁRIOS?		
ORGANIZARAM AS REGRAS EM UMA SEQUÊNCIA ADEQUADA?		
ILUSTRARAM AS REGRAS DO JOGO?		
ESCREVERAM O OBJETIVO DO JOGO?		

Corrijam o que for necessário e refaçam as regras nas páginas **107** e **108**, reservadas à versão final.

É importante cada um dos integrantes do grupo registrar o texto em seus livros. Depois, combinem com o professor quando a turma poderá se reunir para brincar com os jogos.

RASCUNHO

VERSÃO FINAL

MÃOS À OBRA!

JOGOS DE ONTEM E DE SEMPRE

Prepare-se para a atividade final desta unidade. Você e seus colegas farão uma apresentação de jogos atuais e de outras épocas.

Para isso, sigam algumas etapas.

1ª ETAPA

PESQUISAR JOGOS DE ANTIGAMENTE

- Pesquise, com algum familiar adulto, um jogo referente à infância dele e que atualmente já não é mais tão comum.
- Preencha a ficha com as seguintes informações.

NOME E IDADE DA PESSOA ENTREVISTADA: _____

NOME DO JOGO: _____

QUE IDADE TINHA QUANDO APRENDEU A JOGAR: _____

NÚMERO DE PARTICIPANTES: _____

MATERIAIS NECESSÁRIOS: _____

COMO JOGAR: _____

MODELO

- Peça à pessoa que lhe conte os detalhes do jogo. Certifique-se de que entendeu as instruções e, caso ainda tenha alguma dúvida, aproveite e pergunte ao entrevistado.

REGISTRAR OS JOGOS PESQUISADOS

- Após colher as regras sobre o jogo, registre-as em um cartaz.
- Ilustre as etapas do jogo. Você pode desenhar as peças e o tabuleiro, por exemplo. Ou, ainda, representar pessoas jogando.
- Antes da apresentação, brinque com o jogo observando as regras. Assim, poderá verificar se aprendeu e se conseguirá ensinar.

2ª ETAPA

ORGANIZAR A APRESENTAÇÃO

Agora, é o momento dos preparativos para a apresentação.

- Sob a orientação do professor, a turma vai escolher um local da escola e definir a data para expor os cartazes produzidos.
- Façam os convites para a apresentação. Eles serão entregues às pessoas com quem vocês colheram as informações e também aos alunos de outras turmas da escola.

Participe da organização do local da apresentação colando os cartazes de forma que fiquem visíveis ao público.

REUNIR O MATERIAL

- Antes da apresentação, separe os materiais utilizados no jogo que você pesquisou e exponha-os ao lado do cartaz.

110

3ª ETAPA

APRESENTAÇÃO DOS JOGOS

No dia da apresentação, siga estas orientações.

- Mantenha-se atento ao seu cartaz e aos visitantes. Quando algum visitante se aproximar, pergunte se já conhece o jogo e se deseja explicações sobre ele.
- Se o visitante aceitar, vá explicando as regras e mostrando as etapas no cartaz.
- Enquanto explica, olhe para o visitante evitando olhar apenas para o cartaz.
- Ao terminar a apresentação, pergunte-lhe se compreendeu as regras ou se há alguma dúvida. Se houver, esclareça-a.
- Por fim, agradeça ao visitante.
- Procure prestigiar a apresentação dos colegas e procure manter silêncio enquanto estiverem explicando os jogos que pesquisaram.

CINCO MARIAS
MATERIAIS:
- retalhos de tecido
- areia

NÚMERO DE PARTICIPANTES:
- um ou mais jogadores

No final da exposição, vocês deverão retirar todos os cartazes com cuidado e deixar o ambiente limpo e organizado como o encontraram.

AVALIAÇÃO

Nesta etapa, vocês vão avaliar a atividade. Em conjunto, verifiquem:
- o cartaz ficou legível?
- todos participaram das atividades?
- os visitantes compreenderam as regras dos jogos?

UNIDADE 4 COMO É BOM OUVIR HISTÓRIAS...

Nesta unidade, você vai estudar as principais características dos gêneros **causo** e **lenda**. Depois, você vai recontar um causo e uma lenda para seus colegas e familiares.

BOM TRABALHO!

A Você tem um familiar ou algum conhecido que conta histórias para você? Comente.

B Nesta imagem, o professor está contando uma história para os alunos. Você acha que eles estão gostando da história? Por quê?

C Quais histórias você mais gosta de ouvir? Conte para os colegas e o professor.

CAPÍTULO 7
HISTÓRIAS QUE O POVO CONTA

LENDO

Quem nunca ouviu uma história com fatos extraordinários, misteriosos ou até mesmo engraçados? Quando você ouve histórias assim, o que sente?

O texto a seguir é um **causo** e traz uma dessas histórias. Leia o título dele. O que você acha que vai acontecer na história que pode ter causado o susto?

Agora, leia o causo e veja se a sua opinião está correta.

Ara, que susto danado!

Um caminhão velho, desses de carregá tranquera nas fazendas e trabalhadores de roça, foi encarregado de buscar no comércio (cidade) um caixão de defunto para ser usado por um dito cujo que tinha falecido lá praquelas redondezas da minha querida (de novo) São Joaquim.

Lá vinha o caminhão pelas estradas empoeiradas da tal fazenda do falecido, levando em cima da carroceria um caixão de defunto, sem nada dentro (é claro, pois o dito defunto morto ainda tava quente lá na casa de moradia dele).

Eis que, ao passar por um capiau que caminhava na mesma direção, o motorista do dito cujo é interpelado na tentativa do referido capiau cavar com isso uma bêra, que é como lá praquelas bandas se fala quando alguém quer uma carona. O capiau queria evitar umas boas léguas de caminhada a pé.

CAPIAU (para o motorista) — Oh, moço! Será que o sinhô pode me dar uma bêra até o Lageado?

MOTORISTA — Pode trepá lá em cima, coió. E óia: lá na carroceria tem um caixão de defunto, mas o sinhô não se preocupe porque ele tá vazio. Tô levando ele pra servir prum morto que morreu essa madrugada.

CAPIAU (trepando) — Brigado, moço.

O capiau sobe na carroceria e o caminhão segue caminho. De repente, começa a chuviscar uma chuvinha boa de molhar milharal e outras roças de lá. O tar capiau tinha tomado remédio quente e, portanto, não poderia levar aquele chuvisqueiro na cachola. O que foi que ele fez? Abriu a tampa do caixão de defunto vazio e se agasalhou dentro lá dele, de um jeito até que bem gostoso. Fechou o caixão com a tampa, sem medo de nada, pois se tratava de um caso extremado de cuidado.

Acontece que, conforme o caminhão passava na estrada, outros capiaus que iam a pé também pediam bêra, chegando mesmo a formar uns 20 e tantos capiau em riba daquele caminhão. E a chuva engrossando.

De vez em quando, um daqueles capiaus olhava para o outro e comentava, observando o caixão: "Coitado desse aí, heim? Foi pra uma mió, né?" Os capiaus achavam naturalmente que ali tinha um defunto fresco, pois o motorista ia sempre avisando: "Óia. Pode subí, mas num liga praquele lá de riba, não".

Eis que, de repente, a chuva dá uma parada boa, arreganhando até um tiquinho de sol. Foi nessa hora, dessa estiada que falo, que o capiau que ia dentro do tal caixão de defunto abre num impacto a tampa e, sentando-se num gesto brusco, pergunta a todos:

CAPIAU (dentro do caixão) — Cumé, moçada? Já parô de chuvê no mundo?

Nem é preciso dizer o que aconteceu. Foi capiau pra tudo quanto era lado, com o caminhão em movimento.

Rolando Boldrin. Ara, que susto danado! Em: Rolando Boldrin. **Proseando**: causos do Brasil. São Paulo: Nova Alexandria, 2010. p. 54-56.

ROLANDO BOLDRIN

Nascido em São Joaquim da Barra, São Paulo, em 1936, além de cantor e compositor, é ator e apresentador de programa de TV.

Começou a se dedicar à música ainda na infância e aos sete anos já tocava viola. A partir de 1981, passou a apresentar programas de TV com o objetivo de divulgar a música sertaneja brasileira. Nesses programas, também se destacou contando causos e hoje é considerado um dos maiores contadores de causos deste país.

COMPREENDENDO O TEXTO

1. A sua opinião sobre o que, na história, causaria susto estava correta? Comente.

2. Que tipo de sensação a história lida provocou em você? Por quê?

3. O título do texto é "Ara, que susto danado!" e remete a uma ideia de algo assustador.
   A. Para você, o que aconteceu na história foi realmente assustador? Por quê?
   B. Que outro título você daria ao causo? Justifique.

4. Leia os seguintes trechos do causo.

   > [...] (é claro, pois o dito **defunto morto ainda tava quente** lá na casa de moradia dele).

   > Os capiaus achavam naturalmente que ali tinha um **defunto fresco** [...].

   As expressões destacadas indicam que a pessoa:

   ◯ que morreu era bem jovem.

   ◯ havia morrido há pouco tempo.

ESTUDANDO O CAUSO

1. Os causos são histórias fantásticas que podem ser engraçadas ou assustadoras. Como é o causo lido? Contorne.

   ASSUSTADOR.   ENGRAÇADO.

2. Os causos eram apenas contados oralmente e, depois, passaram a ser registrados em livros. Com isso, algumas palavras e expressões reproduzem o jeito de falar dos personagens.

A. Releia os trechos do causo e sublinhe as marcas de oralidade.

> **I**
>
> [...] (é claro, pois o dito defunto morto ainda tava quente lá na casa de moradia dele).

> **II**
>
> CAPIAU (para o motorista) — Oh, moço! Será que o sinhô pode me dar uma bêra até o Lageado?
>
> MOTORISTA — Pode trepá lá em cima, coió. E óia: lá na carroceria tem um caixão de defunto, mas o sinhô não se preocupe porque ele tá vazio. Tô levando ele pra servir prum morto que morreu essa madrugada.
>
> CAPIAU (trepando) — Brigado, moço.

B. A reprodução escrita do jeito de falar dos personagens auxilia o leitor a imaginar melhor a cena narrada? Comente.

_____

_____

3. É comum que alguns causos apresentem regionalismos, isto é, reproduzam palavras e expressões do jeito de falar de certas regiões. Releia este trecho.

> [...] o motorista do dito cujo é interpelado na tentativa do referido capiau cavar com isso uma bêra, que é como lá praquelas bandas se fala quando alguém quer uma carona.

Na região onde acontece a história, **carona** é:

◯ cavar. ◯ bêra.

118

4. Os causos, geralmente, ocorrem em regiões de campo, afastadas do centro urbano. Sublinhe no trecho a seguir a expressão que indica o lugar onde ocorreu a história.

> Lá vinha o caminhão pelas estradas empoeiradas da tal fazenda do falecido, levando em cima da carroceria um caixão de defunto, sem nada dentro (é claro, pois o dito defunto morto ainda tava quente lá na casa de moradia dele).

5. Essas histórias, geralmente, apresentam poucos personagens. Pinte os personagens do conto lido.

CAPIAU	MOTORISTA	DONO DA FAZENDA
DEFUNTO	CAPIAUS	

6. Nos causos, há um narrador que conta os fatos. O narrador do causo "Ara, que susto danado!":

○ faz parte da história e conta fatos que aconteceram com ele.

○ não faz parte da história e conta fatos que aconteceram com outras pessoas.

7. Leia o início de outro causo e sublinhe as expressões que indicam que o narrador conta uma história da qual ele não faz parte.

> A história de Tereza Bicuda eu mesma não presenciei nem conheço ninguém que tenha presenciado, pois Tereza viveu muito tempo atrás, num tempo bem antigo. O que eu sei é de ouvir contar, mas o João Fonseca dali da venda, sabe quem é? O filho de Safira? Pois ele, sim, já viu com os próprios olhos a ventania assombrada de Tereza Bicuda com seus marimbondos e abelhas zangadas. [...]

Maria José Silveira. Tereza Bicuda. Em: Maria José Silveira. **Uma cidade de carne e osso**: casos do interior. São Paulo: FTD, 2004. p. 19.

8. Os causos são histórias cheias de exageros, de fatos difíceis de acreditar, que encantam o ouvinte. Leia outro trecho de um causo.

— Outro caso que tenho pensado em contar a vossemecês é o do bode, anunciou Alexandre um domingo, sentado no banco do copiar. Podemos encaixá-lo aqui para matar tempo. [...]

Alexandre tomou fôlego e principiou:

— Isso se deu pouco tempo depois da morte da onça. Os senhores se lembram, a onça que morreu de tristeza por falta de comida. Um ano depois, mais ou menos. Havia lá na fazenda uma cabra que tinha sempre de uma barrigada três cabritos fornidos. Três cabritos, pois não, três bichos que faziam gosto. Uma vez, porém, nasceu apenas um cabrito, mas tão grande como os três reunidos, tão grande que o pessoal da casa se admirou. Eu disse comigo: — "Isto vai dar coisa." Era realmente um cabrito fora de marca. Tanto que recomendei ao tratador das cabras: — "Deixe que este bicho mame todo o leite da mãe. Quero ver até que ponto ele cresce." Mamou e cresceu, ficou um despotismo de cabrito. Eu tinha uma ideia que parece maluca, mas os senhores vão ver que não era. Um animal daquele podia perder-se como bode comum, seu Gaudêncio? Não podia. Foi o que pensei. Quando ele endureceu, botei-lhe os arreios e experimentei-o. Saltou muito, depois amunhecou, e vi que ele ainda não aguentava carrego. Passados alguns meses, tornei a experimentar: deu uns pinotes, correu feito um doido e aquietou-se. Achei que estava taludo e comecei a ensiná-lo. Sim senhores, deu um bom cavalo de fábrica, o melhor que vi até hoje. [...]

Graciliano Ramos. História de um bode. Em: Graciliano Ramos. **Alexandre e outros heróis.** Rio de Janeiro: Civilização Brasileira, 2006. p. 29-30.

A. Que absurdos ou exageros são mostrados nesse causo? Sublinhe de azul no texto.

B. Nos causos, o tempo em que ocorre a história não é definido. Sublinhe de vermelho a expressão usada para marcar o tempo.

PRODUÇÃO RECONTANDO UM CAUSO

Nas páginas 114 a 116, você leu um causo e conheceu as principais características dessas histórias. Essas histórias são muito comuns e vêm sendo contadas de geração a geração.

Agora, você e seus colegas terão a oportunidade de conhecer outros causos.

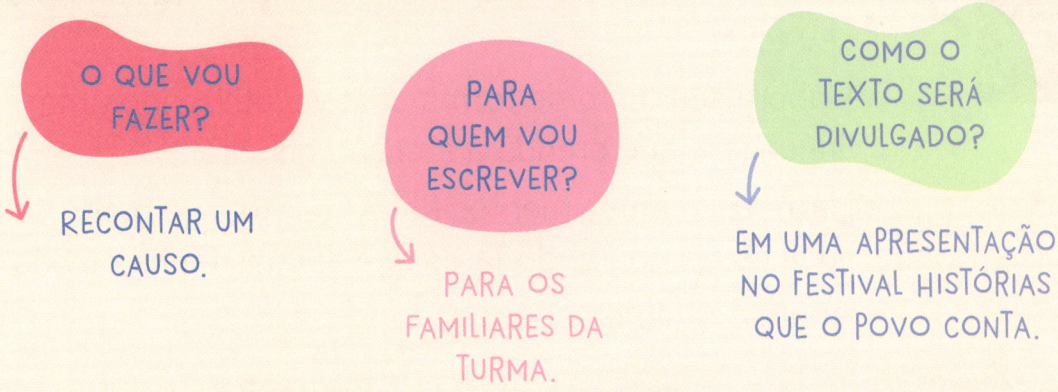

O QUE VOU FAZER? → RECONTAR UM CAUSO.

PARA QUEM VOU ESCREVER? → PARA OS FAMILIARES DA TURMA.

COMO O TEXTO SERÁ DIVULGADO? → EM UMA APRESENTAÇÃO NO FESTIVAL HISTÓRIAS QUE O POVO CONTA.

PLANEJANDO

Veja, a seguir, as orientações para você realizar essa produção.

- Pesquise um causo para recontar. Para isso, você poderá:

PESQUISAR EM LIVROS

PESQUISAR EM *SITES* DA INTERNET

CONVERSAR COM PESSOAS QUE CONHECEM CAUSOS

- Leia ou ouça atentamente o causo e identifique os principais fatos dividindo-os em partes.

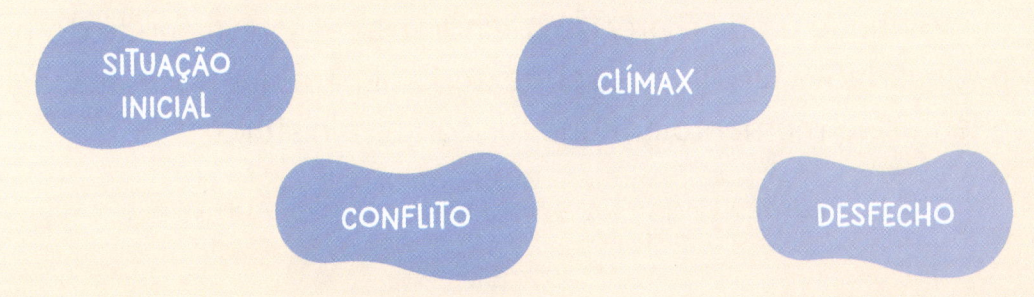

SITUAÇÃO INICIAL

CLÍMAX

CONFLITO

DESFECHO

121

PRODUZINDO O CAUSO

Para recontar por escrito o causo, siga algumas etapas.

- Reconte o causo com as suas próprias palavras, sem copiar a história, mas mantendo os fatos e os personagens.
- Use as páginas 123 e 124 para registrar o rascunho do seu texto.
- Elabore seu texto de forma criativa, utilizando uma linguagem que prenda a atenção do leitor.
- Narre os acontecimentos em 3ª pessoa, de modo que você esteja contando fatos que apenas tenha ouvido.
- Anote o título da história.

AVALIANDO O CAUSO

Após finalizar sua história, avalie-a com base nas questões a seguir.

AVALIAÇÃO	SIM	NÃO
O TEXTO APRESENTA OS PRINCIPAIS ACONTECIMENTOS DA HISTÓRIA ORIGINAL?		
A NARRAÇÃO FOI FEITA EM 3ª PESSOA?		
A LINGUAGEM EMPREGADA ESTÁ ADEQUADA AO CAUSO?		
VOCÊ ESCREVEU O TÍTULO?		

Verifique o que é preciso melhorar e reescreva seu texto nas páginas 125 e 126. Ilustre seu texto final para que você possa se orientar no momento em que for contar a história.

MÃOS À OBRA! NA SEÇÃO **MÃOS À OBRA!**, VOCÊ VAI RECONTAR ORALMENTE SEU CAUSO NO FESTIVAL HISTÓRIAS QUE O POVO CONTA.

RASCUNHO

VERSÃO FINAL

CAPÍTULO 8 UMA HISTÓRIA PARA EXPLICAR ALGO

LENDO

Você já ouviu falar da vitória-régia? O que sabe sobre ela?

Existem histórias que foram criadas para explicar o surgimento de seres, plantas e até fenômenos da natureza. Você já leu ou ouviu alguma dessas histórias?

A história a seguir é uma **lenda**. Ela era contada entre os povos indígenas. Agora está registrada em livros. Você sabe dizer de que trata essa lenda?

A vitória-régia

Há muitas luas, vivia numa aldeia uma índia que acreditou numa lenda antiga do seu povo que dizia que a Lua era um guerreiro forte e poderoso.

Desde que soube dessa história, Iraci começou a sonhar com o guerreiro imaginário. Ela só pensava nisso e acabou se apaixonando por esse ser lendário. Com o tempo, foi se afastando de todos e se fechou em seu mundo interior. Não conversava com as amigas, não se interessava por nenhum índio.

Iraci passava os dias esperando que a Lua surgisse. Então, ficava olhando para o céu e não via mais nada, só o poderoso guerreiro. Diversas noites, ela saiu correndo, com os braços erguidos, procurando agarrar a Lua que brilhava tão linda no céu.

Lisley Velani

Na aldeia, todos tinham pena da índia e tentavam dizer para ela que aquilo era um sonho. Mas Iraci tinha um objetivo: queria se transformar numa estrela, para ser admirada pela Lua.

Quando não havia luar, ela se aborrecia; ficava na oca até a Lua aparecer novamente. Então, saía correndo com os braços erguidos, procurando alcançar o seu guerreiro no céu.

Uma noite em que o luar estava mais bonito do que nunca, ela saiu correndo atrás da Lua. Chegando à beira da lagoa, viu a Lua refletida no meio das águas tranquilas e acreditou que ela havia descido do céu para banhar-se ali. Finalmente ia conhecer o poderoso guerreiro.

Sem hesitar, mergulhou nas águas profundas e nadou em direção à imagem da Lua. Quando percebeu que aquilo era uma ilusão, tentou voltar; mas não teve força suficiente e acabou morrendo afogada.

A Lua ficou triste com o que aconteceu. Já que não tinha transformado a índia numa estrela como ela tanto queria, decidiu torná-la uma estrela das águas – uma flor, a mais bela de todas, a rainha das flores aquáticas.

E, assim, Iraci foi transformada na vitória-régia. Em noite de Lua, essa maravilhosa flor se abre, revelando sua impressionante beleza.

A vitória-régia. Em: **Histórias e lendas do Brasil**: Norte. São Paulo: DCL, 2008. p. 34-37.

COMPREENDENDO O TEXTO

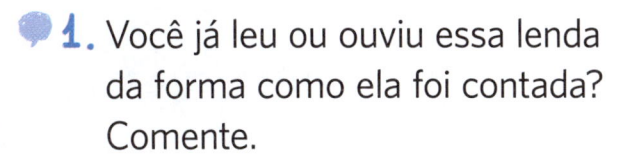

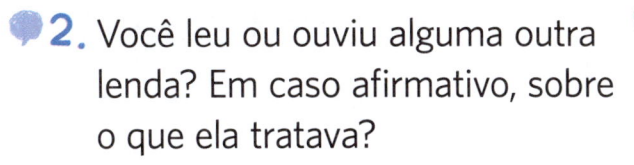

1. Você já leu ou ouviu essa lenda da forma como ela foi contada? Comente.

2. Você leu ou ouviu alguma outra lenda? Em caso afirmativo, sobre o que ela tratava?

3. Se você já leu uma lenda, onde ela foi publicada: em um livro, em uma revista, um jornal ou em um *site* da internet?

4. Se você já ouviu uma lenda, quem a contou para você?

5. No início da lenda, vimos que a indígena Iraci acreditava em uma história sobre a Lua.

   A. Qual era o pensamento de Iraci sobre a Lua?

   _____

   B. Essa crença provocou um sentimento em Iraci. Qual é esse sentimento?

   ◯ Amizade.   ◯ Amor.   ◯ Ódio.

   C. Com esse sentimento, Iraci passou a ter um objetivo. Qual era o objetivo dela?

   _____
   _____

   D. Os indígenas da aldeia também acreditavam nessa história? Comente.

   _____
   _____

6. Releia o seguinte trecho da lenda.

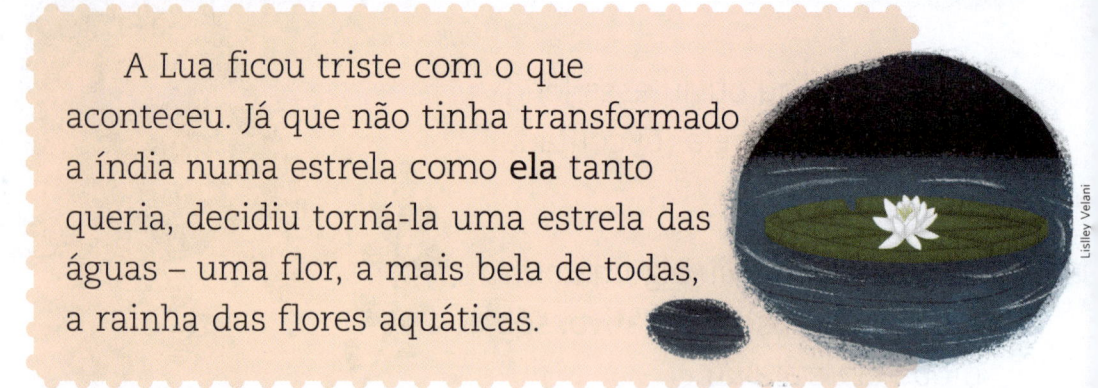

> A Lua ficou triste com o que aconteceu. Já que não tinha transformado a índia numa estrela como **ela** tanto queria, decidiu torná-la uma estrela das águas – uma flor, a mais bela de todas, a rainha das flores aquáticas.

A. A palavra destacada acima foi usada para se referir a quem? Assinale a alternativa correta.

◯ À Lua.   ◯ À indígena Iraci.   ◯ À estrela.

B. Nesse trecho, o narrador usou algumas expressões para se referir à vitória-régia sem usar esse nome. Sublinhe essas expressões.

ESTUDANDO A LENDA

1. A lenda procura trazer uma explicação para algo que teria causa desconhecida. O que a lenda que você leu explica?

_____

2. Uma das características de uma lenda é que ela apresenta tanto fatos possíveis de acontecer quanto fatos imaginários. Assinale os fatos da história que fogem da realidade.

◯ Iraci gosta de ver a Lua.

◯ A Lua fica triste.

◯ Iraci nada nas águas, cansa-se e não consegue voltar.

◯ A Lua transforma Iraci em uma flor.

3. Releia o início da lenda.

> Há muitas luas, vivia numa aldeia uma índia que acreditou numa lenda antiga do seu povo que dizia que a Lua era um guerreiro forte e poderoso.

A. Sublinhe a expressão que indica quando a história provavelmente aconteceu.

B. Essa expressão indica que os fatos aconteceram:

◯ há muito tempo.   ◯ recentemente.

C. O uso de expressões como essa indica que o tempo em que os fatos ocorrem nas lendas:

◯ não é indicado com exatidão.

◯ é determinado com exatidão.

4. Leia o início de outras duas lendas e contorne a expressão que comprova a sua resposta da questão anterior.

I
> Segundo os índios tembés, nos tempos míticos o fogo tinha um único dono: o urubu-rei. Como o urubu era muito avaro da sua preciosidade, os índios não podiam fazer uso de chama alguma, e quando queriam comer carne só lhes restava o expediente de expô-la longamente ao sol. [...]
>
> Ademilson S. Franchini. O furto do fogo. Em: Ademilson S. Franchini. **As 100 melhores lendas do folclore brasileiro**. Porto Alegre: L&PM, 2011. p. 43.

II
> Em tempos idos, apareceu grávida a filha de um chefe selvagem, que residia nas imediações do lugar em que está hoje a cidade de Santarém. [...]
>
> Alberto da Costa e Silva. A lenda de Mani. Em: Alberto da Costa e Silva (Org.). **Lendas dos índios brasileiros**. Rio de Janeiro: Ediouro, 2003. p. 45.

131

5. Em geral, o desfecho das lendas apresenta a explicação do elemento a que a história se refere. Leia os trechos a seguir e identifique quais são desfechos de lendas.

○
> [...]
>
> Neste instante, um urubu desceu dos céus, farfalhando suas asas negras. Depois de enterrar suas unhas aduncas nos cabelos desgrenhados da cabeça, a ave subiu, levando-a consigo.
>
> Todos viram, abandonando suas ocas, quando o urubu gigante depositou a cabeça no alto do céu. Imediatamente ela começou a fosforescer em prateado, e das suas órbitas espocaram milhares de faíscas da mesma cor que, após se espalharem por todos os quadrantes, se converteram em estrelas.
>
> E foi assim que, segundo os kaxináuas, a lua surgiu.

○
> [...]
>
> Ouviu-se mais um e mais outro estalo, e o príncipe a toda hora pensava que era a carruagem se quebrando, mas eram apenas os aros que se soltavam do coração do fiel Henrique, porque agora o seu amo estava livre e feliz.

○
> [...] Imediatamente, os maués "plantaram" os olhinhos da criança, pois esse era o desejo de Tupã, o deus do trovão. Logo nasceu naquele local um arbusto chamado guaraná. É por isso que as sementes do guaraná são parecidas com olhos humanos.

6. Onde ocorrem os fatos da lenda "A vitória-régia"?

_____

7. Como você observou, o título da lenda "A vitória-régia" está relacionado ao nome da planta. Leia outros títulos de lendas.

A HISTÓRIA DO GUARANÁ	A ORIGEM DO DIA	O ROUBO DO FOGO
A LENDA DA MANDIOCA	A LENDA DAS CATARATAS	A LENDA DO MILHO
COMO NASCERAM AS ESTRELAS	A LENDA DA CHUVA	A LENDA DA PALMEIRA

Agora, pinte os títulos de acordo com as orientações a seguir.

🟡 Títulos relacionados a plantas, sementes e raízes.

🔴 Títulos relacionados a elementos naturais.

8. Em geral, as lendas apresentam poucos personagens.
   A. Quais são os principais personagens da lenda "A vitória-régia"?

   _____

   B. Também é comum haver algum personagem com poderes sobrenaturais. Qual personagem da lenda da vitória-régia tem esses poderes? Explique.

   _____

   _____

133

9. Há textos que contam histórias de seres fantásticos criados pela imaginação popular. Leia sobre eles e depois complete o diagrama com seus nomes.

IARA	Tem o poder de enfeitiçar os homens que olham diretamente em seus olhos.
CURUPIRA	Defensor das florestas e dos animais.
SACI	Menino com poderes mágicos.
BOITATÁ	Protetor dos animais e das matas.
BOTO	Transforma-se em um belo rapaz para conquistar as mulheres.
LOBISOMEM	Homem que, nas noites de lua cheia, se transforma em um ser que é uma mistura de homem com lobo.

F
A
N
T
Á
S
T
I
C
O
S

PRODUÇÃO RECONTANDO A LENDA

Neste capítulo, você viu que as lendas são transmitidas pela tradição oral, de geração em geração, e são criadas para explicar alguns fenômenos naturais ou a origem de certos animais, plantas ou mesmo criaturas fantásticas.

Agora, você vai recontar uma lenda por escrito.

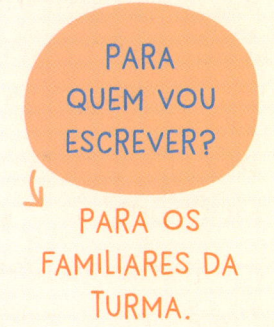

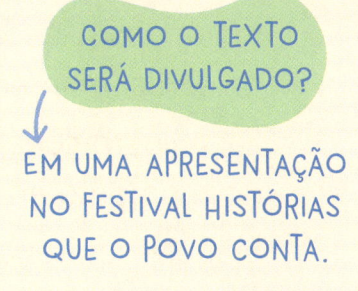

O QUE VOU FAZER?
↳ RECONTAR UMA LENDA.

PARA QUEM VOU ESCREVER?
↳ PARA OS FAMILIARES DA TURMA.

COMO O TEXTO SERÁ DIVULGADO?
↳ EM UMA APRESENTAÇÃO NO FESTIVAL HISTÓRIAS QUE O POVO CONTA.

PLANEJANDO

Veja, a seguir, algumas orientações que vão ajudar você a recontar a sua lenda.

- Pesquise uma lenda ou peça a um familiar que lhe conte uma.
- Escreva os principais acontecimentos da lenda.

TÍTULO	
PERSONAGENS	
ESPAÇO (ONDE A HISTÓRIA OCORREU)	
O QUE A LENDA EXPLICA	
PRINCIPAIS ACONTECIMENTOS	

135

PRODUZINDO O RECONTO DA LENDA

Para produzir seu texto, escreva um rascunho, nas páginas **137** e **138**, organizando-o em parágrafos.

- Primeiro, anote o título da lenda e narre os acontecimentos na sequência em que ocorreram.
- Lembre-se de que você poderá se inspirar na versão da lenda pesquisada, mas deverá reescrevê-la com suas palavras, mantendo os acontecimentos e os personagens.
- Faça ilustrações das principais partes da lenda para auxiliar no momento em que for contá-la.
- Elabore seu texto com uma linguagem clara e envolvente, de forma a prender a atenção do interlocutor.

AVALIANDO O RECONTO DA LENDA

Depois de pronto o texto, avalie-o com base nestas questões.

AVALIAÇÃO	SIM	NÃO
OS FATOS NARRADOS ESTÃO NA ORDEM EM QUE ACONTECERAM NA LENDA?		
AS IMAGENS ESTÃO DE ACORDO COM O TEXTO?		
FORAM NARRADOS OS MOMENTOS DE MAIOR TENSÃO, O CLÍMAX E O DESFECHO DA HISTÓRIA?		

Após a avaliação, arrume o que for necessário e registre a lenda nas páginas **139** e **140**, destinadas à versão final.

MÃOS À OBRA! VOCÊ VAI RECONTAR ORALMENTE SUA LENDA NA SEÇÃO **MÃOS À OBRA!**, NO FESTIVAL HISTÓRIAS QUE O POVO CONTA.

RASCUNHO

VERSÃO FINAL

MÃOS À OBRA!

FESTIVAL HISTÓRIAS QUE O POVO CONTA

Como você estudou, muitas histórias são contadas de geração em geração. A existência dos livros e a paixão pela leitura não diminuem o prazer de ouvir histórias, pois esse é um momento mágico que tem o poder de transportar o ouvinte para um mundo de encantamento e imaginação.

Essa será a atividade que a turma vai fazer: apresentar para os familiares causos e lendas que alimentam o imaginário das pessoas.

Para isso, sigam o roteiro e organizem a apresentação.

1ª ETAPA

ESCOLHA DA HISTÓRIA

- Volte às páginas **125**, **126**, **139** e **140** e releia o causo e a lenda que você recontou.
- Escolha um deles para apresentar no Festival.

ORGANIZANDO A APRESENTAÇÃO

- Organize com o professor e a turma os detalhes para as apresentações.
  > Escolham um lugar da escola para realizarem o Festival.
  > Definam também quando acontecerá a contação.
  > Decidam se haverá um palco e um apresentador para explicar o objetivo do Festival e sobre o processo de produção dos textos.
  > Conversem sobre como será organizado o local.
  > Combinem como os convidados serão recepcionados e onde as equipes ficarão aguardando a vez de apresentar.

PRODUZINDO O CONVITE DO FESTIVAL

Produzam os convites para serem entregues aos familiares.

- Anotem o nome do evento: "Festival Histórias que o povo conta".
- Escrevam local, dia e horário.
- Ilustrem o convite com pequenos desenhos ou recortes.
- Façam cópias do convite e entreguem para o público com certa antecedência.

PREPARANDO A APRESENTAÇÃO

Você deverá contar a história de memória, mas poderá usar o texto escrito para ajudar na apresentação.

Para a memorização do texto, siga algumas dicas.

- Treine a leitura em casa.
- Produza um roteiro para ajudar a organizar a sequência e os detalhes.

NOME DOS PERSONAGENS

O QUE OCORREU

QUANDO OS FATOS OCORRERAM

ONDE OS FATOS OCORRERAM

- Releia a história quantas vezes forem necessárias para lembrar dos detalhes no momento em que for contá-la.
- Ensaie a maneira como vai narrar a história com gestos e entonações.
- Apresente antes a um colega e peça a opinião dele: se está com boa entonação e se compreende a história.
- Você pode usar alguns recursos para deixar a história mais interessante, como músicas e roupas diferentes.

2ª ETAPA

CONTANDO CAUSOS E LENDAS

Ao iniciar a sua apresentação, dirija-se à frente da sala e conte a sua história, com base nas seguintes orientações.

- CONTE A HISTÓRIA COM ENTUSIASMO.
- FALE OLHANDO PARA A PLATEIA, PARA CONSEGUIR A ATENÇÃO DELA.
- USE TOM DE VOZ ALTO PARA QUE TODOS CONSIGAM OUVI-LO.
- PRONUNCIE CLARAMENTE AS PALAVRAS ENQUANTO CONTA A HISTÓRIA.
- EMPREGUE O REGISTRO INFORMAL.
- CUIDADO! EVITE A REPETIÇÃO DE EXPRESSÕES COMO AÍ, NÉ, ENTÃO.
- UTILIZE GESTOS E EXPRESSÕES FACIAIS PARA ATRAIR O PÚBLICO.
- PRESTE ATENÇÃO E NÃO CONVERSE DURANTE A APRESENTAÇÃO DOS COLEGAS.

Dois de Nós

3ª ETAPA

AVALIAÇÃO

Ao final do evento, com os colegas e o professor, façam uma avaliação da atividade com base nas questões a seguir.

- Você usou um tom de voz adequado na apresentação?
- O público se interessou pela sua história?

Em seguida, conversem sobre o que vocês acharam de realizar essa atividade e façam apontamentos dos momentos mais interessantes e dos aspectos que devem ser melhorados para uma próxima encenação.

4ª ETAPA

EXPOSIÇÃO DAS HISTÓRIAS

Agora, sob a orientação do professor, você e seus colegas vão expor no mural da escola os textos apresentados, para toda a escola conhecer o trabalho da turma. Para isso, vejam as orientações a seguir.

- Combinem com o professor o dia em que vão expor os textos no mural.
- Organizem os causos e as lendas separadamente.
- Pensem em um título para colocar no mural.
- Depois de finalizarem a montagem do mural, convidem os alunos das outras turmas para conhecerem os textos produzidos.